enTree

地域に開かれたえんがわ

静岡理工科大学 建築学科棟 えんつりー ［プロジェクトブック］

enTree: An "Engawa" Open to the Region
— The Department of Architecture Building
SIST (Shizuoka Institute of Science and Technology) [Project Book]

"Engawa" is a term used to define a narrow corridor or veranda that is covered by eaves in traditional Japanese residential buildings.

本書の意図と使い方
Introduction|Intention and use of this book

　「えんつりー」とは、学生が入学し、社会に羽ばたいていくことを表す"entry"、建物のデザインコンセプトである学生・教員・地域の人々が交流する縁側"engawa"、構造的な機能を意匠的に視覚化した樹状柱"tree"を組み合わせて名付けました。建物の工事が進められ、図面や計画書のチェック、現場段階での再検討を行いながら、一方で、次年度から始まるカリキュラム関連の作業に追われる中で、あれこれと考えを巡らした末に"enTree（えんつりー）"というコトバを閃いた瞬間、かなり気分が上がったのを覚えています。

　本書は「静岡理工科大学　理工学部　建築学科棟　えんつりー」の企画・計画、設計、施工、運用の各段階における取り組みを整理した「プロジェクトブック」です。全体は5章で構成され、章タイトルは「構想する」「デザインする」「評価する」「建てる」「語る」としています。動詞で表現された章タイトルは、建築プロジェクトが有する「一品生産的」「時限的」という性質とも関連します。つまり、あらゆる建築プロジェクトは、唯一の敷地で、変化する社会状況を読み解き、そのプロジェクトのためだけに臨時に招集された複数の職能から成るチームによって、それぞれがアイデアを提示し合い、求められる性能を確認しながら、一つの建物として二次元から三次元の「モノ」に統合していく、ダイナミックな概念と言えるからです。

　こうして生み出された「モノ」としてのえんつりーを述べる各章の間には「表現する」「撮る」「描く」「観る／診る」「測る」と題した5つのコラムが差し込まれています。これらは建物を教材とした言わば「コト」としての取り組みを紹介しています。

　ところで、近年、大学は少子化を背景として、統廃合を含めた淘汰の時代に入っています。知の拠点としての大学が、地域創成に向けた使命を果たすため、その基盤としての挑戦的な試みが本ブックに示されています。「モノ」と「コト」は、「空間」と「人の活動」とも換言できますが、是非、実際に訪れて「えんつりー」の可能性を体感してみて下さい。

コンセプト『地域に開かれたえんがわ』
1. 社会に"entry"するための研究・教育の場
2. 学生・教員・地域の人々が交流する空間としての縁側"engawa"
3. 機能を視覚化した形態としての樹状柱"tree"

えんつりーのメインコンセプトとロゴ

This book documents the design and construction of the Shizuoka Institute of Science and Technology's building for the Department of Architecture called "enTree". It consists of five chapters: Planning, Designing, Evaluating, Building, and Discussing. Each chapter corresponds to the stages of the Programming and Planning Phase, the Planning and Design Phase, the Planning, Design, and Operational Phase, the Design and Construction Phase, and the Planning, Design, Construction and Operational Phase. This book reveals the potential of "enTree" as "active teaching material" for education and research.

CONTENTS

002 本書の意図と使い方 Intention and Use of this Book
006 えんつりープロジェクトブックの構成 Composition of the "enTree" Project Book

1 えんつりーを構想する　企画段階｜基本構想とコミッショニング［目標設定］
Planning "enTree" | Programming and Planning Phase | Basic Concepts and Building Commissioning Process

008 プロジェクトの始まり［学長コンセプト］ Project Beginnings｜The University President's Vision
009 えんつりーができるまで［全体スケジュール］ Realizing "enTree"｜Project Schedule
010 候補地の選定 Site Selection
014 コミッショニングの導入と体制 Implementation and Organization of Building Commissioning Process
015 OPR（企画・設計要件書）と建物基本方針 The Owner's Project Requirements and Basic Design Directives
016 面積表と空間構成 Floor Area and Spatial Compositio
017 プロポーザルの開催と審査評 Call for Design Proposals and Jury Review
031 COLUMN 1　えんつりーを「表現する」 Representing "enTree"

2 えんつりーをデザインする　計画・設計段階｜意匠・構造・設備設計
Designing "enTree" | Planning and Design Phase | Architectural, Structural, and Facility Design

Planning / Design
034 意匠・計画 01　配置計画｜キャンパス軸と大きな軒下空間 01_Site Planning
039 意匠・計画 02　空間計画｜つながる空間、うまれる交流、ひらめく思考 02_Spatial Planning
046 意匠・計画 03　マテリアルデザイン｜触感のあるピュアな素材 03_Material Design
055 意匠・計画 04　サイン・色彩計画｜個性と気づきを与える視覚情報 04_Signage and Color Scheme
066 意匠・計画 05　ランドスケープデザイン｜キャンパス軸を活かす外部空間 05_Landscape Design

Environment / Facilities
069 環境・設備 01　環境計画｜温暖・高日照・強風の地域特性を生かす 01_Environmental Planning
071 環境・設備 02　採光・換気計画｜活動・システムと空間の連動 02_Daylighting and Ventilation
075 環境・設備 03　照明計画｜発光タイプ・方式・色温度による多様な「あかり」 03_Lighting Design

Structure / material
080 構造・材料 01　構造計画｜地域防災の拠点となる安全性 01_Structural Design
081 構造・材料 02　構造計画｜力の流れを視覚化する架構 02_Structural Design
084 COLUMN 2　えんつりーを「撮る」 Photographing "enTree"

3 えんつりーを評価する　企画・計画・設計・運用段階｜コミッショニング［性能検証］
Evaluating "enTree" | Planning, Design, and Operational Phase | Commissioning (Performance Verification)

FM
090 FM 01　コミッショニングによる段階と検証 01_Commissioning Phases and Verification
091 FM 02　CASBEEを用いた環境性能の検証 02_CASBEE-Certified Evaluation

Planning / environment
093 計画・環境 01　建築環境の心理量 01_Measuring the Psychological Impact of the Building Environment

Planning / Design
094 意匠・計画 01　ミックスラボにおけるアクティビティ 01_Activities at MixLab

096	環境・設備 01	一次エネルギー消費量	Environment / Facilities
097	環境・設備 02	建築物省エネルギー性能表示制度	01_Establishing Primary Energy Consumption
098	環境・設備 03	ZERO ENERGY BUILDINGへの対応	02_Building-Housing Energy-Efficiency Labeling System (BELS)
099	環境・設備 04	空気線図と環境基準	03_Zero-Energy Building Design Efforts
100	環境・設備 05	温湿度変動から見た温熱環境解析	04_Psychrometric Charts and Environmental Standards
102	環境・設備 06	熱画像から見た温熱環境解析	05_Thermal Environment Analysis via Temperature and Humidity Variations
103	環境・設備 07	色温度・照度から見た光環境解析	06_Thermal Environment Analysis via Thermal Images
105	環境・設備 08	気流シミュレーションによる風環境解析	07_Lighting Environment Analysis via Color Temperature and Illuminance
107	環境・設備 09	実測による風環境解析	08_Wind Environment Analysis via Airflow Simulation
			09_Survey-Based Wind Environment Analysis
108	構造・材料 01	柱・梁・ブレースの構造解析	Structure / Materials
109	構造・材料 02	樹状柱の構造解析	01_Structural Analysis of Columns, Beams, and Bracing
110	構造・材料 03	地震計による固有周期・振動モード解析	02_Structural Analysis of Tree-Shaped Columns
112	COLUMN 3	えんつりーを「描く」	03_Seismometer-Based Natural Period and Vibration Mode Analysis
			Drawing "enTree"

4 えんつりーを建てる 施工段階｜設計図書・施工プロセス
Building "enTree" | Design and Construction Phase | Drawings and Construction Process

114	01 建築概要	01_Building Outline
115	02 意匠図	02_Architectural Drawings
124	03 構造図	03_Structural Drawings
127	04 キャノピー	04_Canopy
129	05 構造実験棟	05_Structural Testing Laboratory
130	06 環境実験棟	06_Environmental Testing Laboratory
132	07 コストバランス	07_Cost Balancing
133	08 施工プロセス	08_Construction Process
148	COLUMN 4　えんつりーを「観る／診る」	Observing/Investigating "enTree"

5 えんつりーを語る 計画・設計・施工・運用段階｜設計・計画意図
Discussing "enTree" | Planning, Design, Construction, and Operational Phase | Design and Planning Intents

150	意匠設計　古谷 誠章	Architectural Design	Nobuaki Furuya
152	構造設計　江尻 憲泰	Structural Design	Norihiro Ejiri
153	環境計画　田辺 新一	Environmental Planning	Shinichi Tanabe
154	意匠設計・監理担当　杉下 浩平・李 東勲	Architectural Design and Supervising Staff	Kohei Sugishita・Dong Hoon Lee
155	CMT（建築意匠・計画）　脇坂 圭一	Commissioning Management Team (Architectural Planning and Design)	Keiichi Wakisaka
156	CMT（建築構造・材料）　丸田 誠	Commissioning Management Team (Building Structure and Materials)	Makoto Maruta
157	COLUMN 5　えんつりーを「測る」	Measuring "enTree"
158	著者略歴	Profiles of Contributors
162	クレジット	Credits

えんつりープロジェクトブックの構成
Composition of the "enTree" Project Book

1 えんつりーを構想する 企画段階｜基本構想とコミッショニング［目標設定］

- プロジェクトの始まり［学長コンセプト］
- えんつりーができるまで［全体スケジュール］
- 候補地の選定
- コミッショニングの導入と体制
- OPR(企画・設計要件書)と建物基本方針
- 面積表と空間構成
- プロポーザルの開催と審査評

2 えんつりーをデザインする 計画・設計段階｜意匠・構造・設備設計

意匠・計画
- 意匠・計画
- 配置計画
- 空間計画
- マテリアルデザイン
- サイン・色彩計画
- ランドスケープデザイン

環境・設備
- 環境計画
- 採光・換気計画
- 照明計画

構造・材料
- 構造計画｜地域防災の拠点となる安全性
- 構造計画｜力の流れを視覚化する架構

3 えんつりーを評価する 企画・計画・設計・運用段階｜コミッショニング［性能検証］

FM
- コミッショニングによる段階と検証
- CASBEEを用いた環境性能の検証

計画・環境
- 建築環境の心理量

意匠・計画
- ミックスラボにおけるアクティビティ

環境・設備
- 一次エネルギー消費量
- 建築物省エネルギー性能表示制度
- ZERO ENERGY BUILDINGへの対応
- 空気線図と環境基準
- 温湿度変動から見た温熱環境解析
- 熱画像から見た温熱環境解析
- 色温度・照度から見た光環境解析
- 気流シミュレーションによる風環境解析
- 実測による風環境解析

構造・材料
- 柱・梁・ブレースの構造解析
- 樹状柱の構造解析
- 地震計による固有周期・振動モード解析

4 えんつりーを建てる 施工段階｜設計図書・施工プロセス

- 建築概要
- 意匠図
- 構造図
- キャノピー
- 構造実験棟
- 環境実験棟
- コストバランス
- 施工プロセス

5 えんつりーを語る 計画・設計・施工・運用段階｜設計・計画意図

- 意匠設計
- 構造設計
- 環境計画
- 意匠設計・監理担当
- CMT(建築意匠・計画、建築構造・材料)

えんつりーを構想する 1

企画段階｜基本構想とコミッショニング［目標設定］

Planning "enTree" | Programming and Planning Phase | Basic Concepts and Building Commissioning Process

形態は常に機能に従う。／ Louis Henry Sullivan *(1856-1924)*

　夢が大きく語られるプロジェクトの初期段階。その思いをどのように実現するか、目標の設定が大事です。どのような空間がふさわしいのか。それをどこに建てるのか。どんな規模、どんな性能にするのか、それらのプログラムをOPR(企画・設計要件書)として明確にしていきました。

In the early stages of the project, a client's vision is expansive. It is important to identify the objectives of how to fulfill the requirements to realize that vision. Space, composition, scale, performance, and the programs of each space were clarified in the Owner's Project Requirements (OPR) document.

プロジェクトの始まり [学長コンセプト]
Project Beginnings [The University President's Vision]

建築棟の考え方

2015年3月1日
野口 博

1) 建築棟の設計コンセプトについて、広く意見を求めることは、視野の広い、多様性豊かで、社会に開かれた、わかりやすい建物を志向する意味で、重要である。幾つかの設計事務所だけでなく、建築学科設置に関係する設計系の教員候補を中心にヒアリングや設計のプロポーザルを求めることを、時間の無いことを理由にせずに、極力努力して意見を求めていきたい。訪問した建築家も趣旨に賛同し、ぜひとも設計のプロポーザルに参加したいとの要望もある。

2) あー、建築棟だとわかるような外形のデザインも欲しい。単なる箱モノや、暗い中廊下式の建物にはしたくない。外に、オープンに開きながらも、優しく包み込むような形を志向したい。

3) 建築棟のみを独立にはせずに、1階のロビーなどは、他分野の学生にもオープンにして、建築設計や地域での活動成果などのグループ発表や個別発表を皆で聴けるように、イベントホール形式にする。

4) 建築棟の中に、1階から5階まで通しのアトリウム(吹き抜け)を造り、アトリウムとの境は、極力素通しのガラス貼りとし、アトリウム越しに全階を一体感ある形にする。他の階に居ても、その階の活動の様子がわかるようにしたい。

5) 学部1年後期から3年前期までの4セメスターの期間、各自固有の製図台を確保し、学生の居場所としたい。にしたい。

6) 模型製作室、模型収納室を造る。

7) 設計成果発表ルームを造り、1/3から1/2個別のブースに、PBL的なエスキスや発表討論の場にしたい。個別ブースには、投影角度可変のプロジェクター投影可能にし、立体的ポスター展示パネルを。残りのスペースは、全体にオープン化、模型も持ち込めるスペースを確保する。

新学科の開設を主導した学長の構想のもと、文部科学省ほか関係各所への申請が進められる中、「建築棟の考え方」が提示されました。本文書は、2015年4月29日に開催されたプロポーザルの約2ヶ月前に提示され、「建築学科と分かる特徴的な外観」「開放的で包み込むような形態」「一体感のあるアトリウム」「成果発表のできるホール」など、建築学科出身の学長ならではの様々なアイデアが示されています。これをもとにコミッショニング・マネジメントチーム(以下、CMT)は具体的な建築計画、構造計画、環境計画を策定し、企画・設計要件書(OPR)を作成していきました。

Before calling for design proposals, the university president presented his vision for the architectural design. Based on this vision, the Commissioning and Management Team (CMT) created the Owner's Project Requirements (OPR) in which guidelines for architectural planning, structural planning, and environmental planning were established.

えんつりーができるまで [全体スケジュール]

Realizing "enTree" [Project Schedule]

プロジェクト全体工程表

えんつりーは建物の基本計画に約4ヶ月、基本設計・実施設計に約7ヶ月、申請・積算・発注に約2ヶ月、施工に約12ヶ月、什器搬入等に約1ヶ月、計26ヶ月もの月日が費やされて竣工に至りました。この間、国をはじめとした関係機関への各種申請、建設候補地の選定、予算の策定、建物規模の策定、設計者・施工者の選定といったように、設計や施工の他に多くの手続きや作業が進められ、それに伴ってそれぞれの職能が関与していきました。

The total design and construction process required 26 months: four months for the schematic design, seven months for the preliminary design and working drawings, two months for building code applications, estimates, and material procurement, 12 months for the construction, and one month for furniture and fit-out.
During this time, the site was selected, national building code applications were submitted, the building scale and budget were established, the architect and contractor was selected, and various experts were consulted.

候補地の選定
Site Selection

　建物配置の検討にあたって、建築学科棟のほか、将来構想として講堂や新設学科棟の配置についても考慮していきました。キャンパスモールを主軸とした配置構成を基調としながら、モールの北端部に建築学科棟、モール入口に講堂を配置するA案、既存厚生棟の北側に建築学科棟、モールの北端部に講堂を配置するB案、モール入り口に建築学科棟、モールの北端部に講堂を配置するC案ほかが検討されました。

　プロポーザルではA案として建築学科棟の位置が提示されましたが、設計者選定後に、モールを貫通させ、建築学科棟を西側にセットバックさせ、壁面線を揃えるようなD案に変更することとなりました。D案では、構造実験棟、環境実験棟を分棟として、既存厚生棟の北側に配置することとなりました。

Investigations for the location of the building to be dedicated to the Architectural Department were based on the university master plan, with the campus mall as the main axis. Considerations included the location of the future Auditorium and new department buildings.
After the selection of architect, the site plan was revised to Plan D, in which the new building was to be set back to the west to avoid alignment along the mall, and the building walls were to be aligned with the existing buildings.

えんつりー建設前の鳥瞰

C案

D案

えんつりー竣工後の鳥瞰

enTree

敷地面積：196,999.51m²
建物床面積合計：32,850.53m²（既存建物：31,098.70m²　えんつりー（新設）：3411.26m²　構造実験棟（新設）：260.66m²　環境実験棟（新設）：112.51m²）

コミッショニングの導入と体制

Implementation and Organization of Building Commissioning Process

えんつりーの建設に向け、企画段階よりコミッショニングが導入されました。これはファシリティ・マネジメント手法の一つで、企画、設計、建設、運用の各段階において、専門的知識を有する第三者が文書を通じて確認・検証することで、当初の目標性能を実現する手法です。コミッショニングは、1980年代以降、米国において機械設備分野で実施されてきましたが、えんつりーではトータルビル・コミッショニングとして、計画・構造・設備の全ての分野における性能検証を行いました。

えんつりーでは企画段階に発注者とは別にコミッショニング・マネジメントチーム（CMT）が組織され、OPRチーム（企画・設計要件書）の作成をベースとした建築計画を進めるとともに、プロポーザルの開催、設計者・施工者との調整、運用段階における実測を行い、継続的な性能検証を行っています。

The Building Commissioning Process (Cx), a facility management method, was introduced to the construction of the new building. This is a method in which a third party expert verifies the performance of each phase from planning to operation with documentation.
The Commissioning and Management Team (CMT) formulates an architectural plan based on the creation of the (Owner's Project Requirements) OPR and conducts continuous performance verifications that include actual measurements at the operation phase.

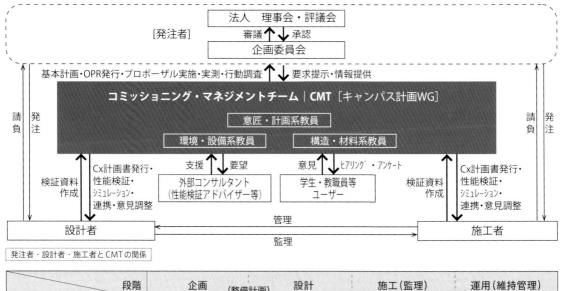

発注者・設計者・施工者とCMTの関係

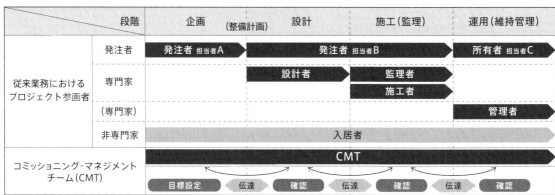

プロセスとステークホルダーの関係｜企画から運用まで全段階に参画するCMT

OPR（企画・設計要件書）と建物基本方針
The Owner's Project Requirements and Basic Design Directives

■ 建物基本方針
①モール型キャンパスの建物構成を基底として、軸線や既存建物との関係を考慮した配置構成。
②「考える・議論する・つくる・発表する、そしてまた考える」「考える・実験する・執筆する、そしてまた考える」という建築学科特有の思考サイクルを最大限加速する建築空間。
③建物自体が教材となり建築学科の教育に貢献する内外空間の仕掛け。
④nZEB（ニアリーゼブ）を目指し、環境へのインパクトを最小化しながら、それが造形としても統合されたデザイン。
⑤装置、機器に頼らない建築計画、システム計画による斬新な省エネシステムの提案。
⑥地震など災害に強い施設を目指し、学生が安心して学べる環境の構築への配慮。

■ 設計与件・検討項目

〇共通的目標
・地域の行政や産業界との連携を促進する建物。建築学科が使用する建築物として、定性的・定量的に世の中に対するアピールに満ちたもの。
・コストパフォーマンス性が高い、限られた建設コストを要所に効果的に配分する計画。
・制震・耐震性能の検討から適切な地震対策、構造上の地震対策を意匠・設備にも活用できる計画。
・いわゆるBCP的概念には囚われず、安全性に重点を置いた防災対策、震災時に安心して建物内に待機できる計画。
・年間一次エネルギー消費量の設定：800MJ/㎡・年（10:00～18:00）
・環境へのインパクトを最小化した計画、システムの導入（例：CASBEE（建築環境総合性能評価システム）の取得）。
・nZEB建築へ向けた取り組みとして多重的効果を狙った創エネルギーシステムの導入。
・環境デザインとしての試み（空間・建具・熱・空気・風・照明）。
・エネルギー検証のためのマネジメントシステムをリーズナブルなかたちで導入する検討。

〇建築的目標
・現状のキャンパスの骨格・雰囲気を踏襲する。
・将来計画として講堂と1学科分の新棟の余地を確保する。
・活動が見えるなど、教育・研究機能を最大化する諸室の空間構成。
・製図室は大中小規模への可変的スペースのあり方の検討。
・構造系実験室は別棟で計画しても良い。
・傾斜地を活かした空間構成（構造的安定性）。
・外部に面する建具のガラスは少なくとも複層ガラスとする。
・外皮断熱・日射遮蔽性能を有する外装デザインの検討。
・建物周囲の緑地と連携した涼風を導入しやすい計画。
・眺望と負荷削減の効果を考慮した適切なガラス面積。

〇構造的目標
・構造実験室：①床反力（床厚600mm）、②クレーン（5t）ガーダーの設置。
・材料実験室：万能試験機1000KN～2000KNの設置。
・開口部：w4000H5000以上のシャッター。

〇設備的目標
［電気］
・電力の引込は既存棟（別途指示）より高圧1回線で受電とする。非常用電源は必要に応じて新築棟で新たに構成する。
・周辺環境から、法適用外であっても万全の避雷設備を構築する。非常用照明の計画を求めるが、法適用外であるので合理的な形とする。
・省エネ対策においては、装置の性能に頼らない計画上の工夫。
・電源設備：稼働時のみならず待機時にも省エネルギーに配慮した機器類の選定（超高効率変圧器）や適切な構成台数の検討をふまえた計画。
・照明計画：照度基準をクリアするだけではなく、空間における最適な明るさ感を意識した計画。TALの検討。計画や運用の実態に合致した確実な照明制御。
・計量システム：省エネルギー化手法の検証が可能となるような適切な計量システムの導入。
・配線システム：レイアウト変更が頻発しない施設のためOAフロアなどの投資を回避した配線システムの提案。
・エレベーター：一台、人荷用、車いす仕様。
［機械］
・既存棟からの熱源の供給は考慮しない。逆に既存棟や今後計画される新棟への熱源の供給も考慮しない。熱源は全て電気。排水は浄化槽。給水は既存棟の高置水槽から引き込み。
・省エネ対策においては、装置の性能のみに頼らない計画上の工夫。
・温熱環境の構築はヒューマンスケールに合致したシステム（例：TAA、タスクアンドアンビエント）の検討による無駄の排除。
・空調設備：全て部屋単位で個別運転制御可能なシステムを導入。必要に応じて棟単位で中央制御可能なシステム。
・換気設備：一般居室・研究室においては中間期に冷房運転を行わず、必要に応じて窓を開放。
・大空間で全熱交換器を導入する場合は、CO_2センサー・外気冷房・ナイトパージ制御を検討。
・衛生器具：節水型。
・各種手法による地下水・井水利用の検討。
・地中熱利用（アースチューブ等）の検討。
・最適熱源システムの検討、熱源の最適容量設定、台数分割の検討。

〇ランドスケープ的目標
・教育研究機能を促進するための建物内外を接続するパブリックスペース。
・建物の内外に学生の居場所が点在する外構計画。
・キャンパスを彩ると共に遮光要素としても機能する緑化計画。
・適切な照明計画による学生・教職員の居場所づくり。

（以上、プロポーザルの開催にあたって提示した6ページからなるOPRの抜粋）

面積表と空間構成

Floor Area and Spatial Composition

　えんつりーでは、できるだけ壁を設けずに学年・領域の枠を越えた研究を促進する空間形式である「ミックスラボ」を企画段階より構想していきました。ミックスするために、廊下を単なる動線ではなく、交流の場、他者との出会いの場として捉えています。こでは「プロポーザル段階、実施設計段階の面積表」、および「建築タイプごとの面積比率」を示し、共用部(いわゆる廊下率)に着目してみます。各室を8つの系で分類すると、各建物の性質によって面積比率が大きく異なることが分かりますが、共用部の比率は建築の型ごとにある傾向が見えてきます。つまり、中廊下型は小さく、片廊下型は大きいという傾向です。既存建物の2つの型と比較したとき、えんつりーはその中間の29%と算定されましたが、交流空間であるテラスを含めると内外で37%に達します。レンタブル比の観点から見ると下げることが要求されがちですが、出会いと交流のきっかけを生み出す共用部は大学という機能から見たとき見えざる可能性を秘めています。

In the Floor Area Table, the intentions of the client and architect are specified with the names of the rooms, and their quantity and size. The percentage of shared area is shown as 29% in the Table. This Table also shows the spatial characteristics of the "MixLab" that encourages inter-grade-level and research exchange by eliminating walls to the extent possible.

(m²)

プロポーザル(OPR)段階の各室面積			
室名	室面積	数	面積小計
製図室(2,3,4年)	380	1	380
模型制作・収納・アトリエ	140	1	140
3Dプリンタ・印刷室	18	1	18
講評室	80	1	80
教室(60席/室)	100	3	300
CAD室(60席)	100	1	100
小計			1,018
ゼミ室	30	2	60
研究室	160	3	480
小計			540
教員室	24	10	240
小計			240
構造・材料・環境実験室(各1室)	140	3	420
小計			420
会議室兼ゼミ室	70	1	70
倉庫(最低3ヶ所)	25	3	75
給湯(2,3,4階、電気コンロ2口)	15	3	45
機械室・電気室(屋上設置可)	適宜		
小計			190
共用部以外　合計			2,408
共用部(Entホール、廊下、階段、トイレ(1階多目的トイレ含)、ラウンジ(2~4階)合計:0.28)	942	1	942
総合計:建築棟+実験棟　延べ面積			3,350

(m²)

実施設計段階の各室面積		
室名	数	面積小計
デザインスタジオ(2,3,4年)	3	371
エスキスコーナー	1	89
収納	1	7
3Dプリンタ・印刷室	1	18
講評室	1	113
教室(60席/室)	1	105
アクティブラーニング室	1	103
CAD室(60席)	1	179
小計		985
ゼミ室1,2(24㎡/室)	2	48
研究室1	1	155
研究室2	1	160
研究室3	1	136
小計		499
教員室(24㎡/室)	10	240
小計		240
構造・材料実験棟(別棟)	1	239
環境実験棟(別棟)	1	103
小計(別棟)		342
会議室兼ゼミ室	1	78
倉庫(最低3ヶ所)	1	26
小計		104
共用部以外　合計		2,170
共用部(ラウンジ・給湯)		906
ポーチ・テラス		384
延べ面積(テラス除く)		3,076
述べ面積(テラス含む)		3,460

建築型別 面積比率

	教育(講義室等)	学生研究	教員研究	実験研究	管理・厚生(会議・印刷・湯沸)	機械室	共用部(廊下・WC・EV・PS)	ポーチ・外部階段
えんつりー(テラス含む、3,460m²)	28.47%	14.42%	6.94%	9.88%	3.01%		26.18%	11.10%
えんつりー(テラス除く、3,076m²)	32.02%	16.22%	7.80%	11.12%	3.38%		29.45%	
既存教育棟(片廊下中庭型、8,546m²)	51.96%			12.57%	2.52%		32.96%	
既存研究実験棟(中廊下型、9,096m²)	1.70%	19.00%		49.74%	1.47%	2.50%	25.58%	
名古屋大学アジア法交流館(複廊下型、5,488m²)	26.33%	9.93%	15.25%		17.85%	2.13%	28.51%	

プロポーザルの開催と審査評
Call for Design Proposals and Jury Review

　設計プロポーザルではまず、CMTによって作成されたOPR（企画・設計要件書）を提示しました。次に、地元東海地区を中心に、関東地区も含めて、活躍する若手、アトリエ系、組織設計事務所から指名設計事務所として10社が選定されました。プロポーザルは2015年4月29日に開催され、プレゼンテーションと質疑、さらに同日、各審査員による採点を行い、上位5社の案をもとにした協議を経て、1社が選定されました。

　理事長および学長をはじめとした建築学科棟（仮称）設計業者選定審査会として、プレゼンテーション前に審査基準についての確認を行いました。各社にはあらかじめOPRで目標を示していますが、「建築学科の教育・研究における教材として機能性・フレキシビリティを備えること」「学びの場として学生の居場所を確保していること」「シンボリックな意匠を併せ持つこと」「建築学のホーリスティックな性格を体現すること」が重要な視点であることが確認されました。また、「製図室のオープン／クローズドなあり方」「省エネルギー性能」「構造的耐久性」についても同じく重要な視点であることが確認されました。最後に、点数の単純集計で決めるのでは無く、強い主張のある提案のある場合は点数によらず議論の対象にすることが確認されました。なお、法人の想定する設計料はあるものの、審査の視点はあくまでも提案の内容ベースで行うことが確認されました。
　次ページ以降に発表順に各社の審査評を記載します。

In the design proposal, the Owner's Project Requirements (OPR) was presented and 10 architectural design offices were invited to submit their designs. Nominees included the firms of young architects, atelier offices, as well as corporate design offices. When the proposals were submitted, the winning proposal was selected through a jury review and deliberations.

設計段階における発注者、CMT、設計事務所、施工者との打合せ風景

No.1 （株）久米設計

「風通しのよい、領域を超えたモノづくりの場「アーキステップ」による新たな技術と人材の育成」が掲げられ、キャンパス軸の視線を背後の森に通し、県産材による木造シェルのシンボリックな大屋根を架けた、将来の新学科棟に配慮した配置構成が提示された。「アーキステップ」と名付けられたスキップフロアには活気と賑わいが視覚的に共有できる断面構成を持ち、全体としては4層の中央に吹き抜けを持ちそこに動線が集まる構成を取る。パッシブ、アクティブ、運用の連携による手法や年間一次エネルギー消費量700MJ/㎡と発注者の提示した資料を下回る数値を示すとともに、環境エンジニアリング企業であるARUP社との協働による体制などnZEBに対する意欲的な取り組みが示された。また、制震装置による構造的安定性、各段階における概算算出によるコストコントロールに触れるなど、組織設計事務所の総合力が発揮された説得力のある案である。

No.2 企業組合針谷建築事務所

「地域社会の創造性を求めて―産学連携による技術者育成　地域からグローバルへ―」と題して、3層構成の北側に共同スペース（CO+Lab）を貫入させる提案。メインアプローチからは床から天井までのフルハイトの横連窓が3層に重なる見え方。模型で示されるとよかった。研究室と教員室を離し、各機能を階層的にゾーニングする案。モール型キャンパスを補強し、nZEBに関する数量的根拠があると良かった。

No.3 生物建築舎

「モノ作り教育の場　屋外劇場型キャンパス」と題して、冒頭で教師と学生による教育環境に対する思想を近代建築の巨匠ルイス・カーンの言説になぞらえて表明する印象的なプレゼンテーション。南北方向のキャンパスモールと東西方向の計画建物の2つの軸の結節点に広場を置き、そこから大階段が西に駆け上がる全5層のマッシブな空間を提案。マッシブゆえに平面的に低層階の室の縦横比が長細くなること、実験室の形状が不定型になること、研究室および教員室が3層に分離されていること、製図室が分離されていること、設備に対する記述がメニューのみで具体的数値としては表されていないこと、など理念には共感するが機能面で課題があった。

No.4 （株）手塚建築研究所

「2つのゲート」と題して、全5層の内、3層吹き抜けの「グランドギャラリー」を下部に置き、ゲートウェイとして外部へ視界が開けると共に、大テーブルによるフリーアドレス方式の製図室や教室の活動が見え、レベル設定による多様な居場所のある空間。上部には完全なユニバーサルスペースとしての研究室、入れ子形状の教員室、交流デッキによる2層をのせた構成。情熱的なプレゼンテーションと「ふじようちえん」における年間の2／3が無空調である実績も好印象であった。設備計画に関する記述で不十分であったが、プリミティブなあり方には共感を持てた。構造として高地震帯に対する備えについて2000ガルを想定しているとの回答であった。

No.5 諸江一紀建築設計事務所＋井原正揮/ihrmk

「大屋根の下に活動が広がる段々状の立体都市」と題して、あえてモールの軸線上に建物ボリュームを置き、4つのスキップフロア状の箱にシンボリックなのこぎり型の大屋根をのせる5層構成として、明快な階層ゾーニングによる提案。各機能を明快かつ有機的に配置し、優れたプランニングであり、スキップフロアの特性として視覚的な一体感がある提案。設備的には「見える化」への配慮を行い、風と形態の関係など、合理的な説明ができていた一方、モール下部から上部への見えとして背後の森が隠蔽されること、構造的にスキップフロア上部の北面のオーバーハングの安定性、屋根散水のコストが課題とされた。

No.6 （株）kwhgアーキテクツ

「キャンパスに内在する力強い軸を完成させて人が集まる魅力的な場を立ち上げる」と題して、10社の中で唯一、既存建物の外壁色に応答し、市松模様によるファサードに赤レンガ色を配した提案。「要の建築」として「オーソドックス（普遍性／古典性）×イノベイティブ（革新性／現代性）」を謳った力強く、完結的あるいは理念的な印象を与える建築形式が特徴。内部は「知の回廊」あるいは「アリーナのような回廊空間」として、中央に吹き抜けを持つ求心性の高い室配置による4層からなる構成を提案。設備的には、オーニングによる外壁面の凹部つくる陰影、植栽による日射遮蔽、シーリングファンによる活用など、パッシブを主体としながら最小限のアクティブで対応する提案が成された。一方で、市松模様を実現する構造形式が課題とされた。

No.7 NASCA

「開かれた建築の森＝地域全体が学びの庭、地域と共に学ぶ教室」と題した提案。「地域の縁側＝社会との接点となる建築学科へ」として大学キャンパスを地域社会に開くあり方、「キャンパスの軸を受けとめる大きな軒下空間」として県産材を用いたシンボリックな広場＝アトリウム、「様々な活動がつながり、新たな思考が創出される建築に」として「接地階から上層階へ専門性を高め、オープンからクローズドな空間へ」至る空間構成、「校舎そのものを教材に」として構造・設備・材料・ランドスケープに対する提案。「短工期を可能にする構造計画」として「鉄＋木のハイブリッド・アッセンブル工法」、「アクティビティと連動した環境建築」として空調ゾーンダイアグラムの提示とnZEB化への対応、「建築とシステムを融合し、更新可能な省エネへ」として運用段階も含めたマネジメント、「地域の防災拠点となる安全・安心の学び舎に」として二次災害の防止策、「建築学科＝時代と共に地域のみんなが学ぶ「教室」」として「みんなの教室」が提案された。平面的には、モールの東西の微妙な角度の振れに応答して、中間の角度にエントランスホールおよび大階段を定めている。質疑では、教員室を教室や研究室で挟む意義、県産材のコストとして大工による加工が可能な断面により集成材より合理的であること、デッキプレート＋木のハイブリッドによる遮音性能について、実績に裏付けられた淀みない返答があり、適宜、専門家に回答を促す対応が良かった。平面的に曲線の持つ意味に疑義があったが、設計段階での柔軟な対応が見込める安心感を与えるプレゼンテーションであった。

No.8 スタジオ・ベロシティ

「交流を生み出す坂と段々状の床―軸線上にある坂と段々状の床から交流を生み出すキャンパスをつくる」と題して、モールの軸線を階段状に建物内に引き込み、3つのレベルで床が接続する空間を提示。外形は東西方向に長い矩形ボリュームとして、鉄骨造ラーメン構造により持ち上げられ、構造が視覚化された構成を持つ。メインアプローチからはカーテンウォールの方立が均等に並ぶ端正なファサードが見える。全体として1, 1.5, 2, 2.5層の床があり、吹き抜けを介してメザニン階が浮かぶ組合せが2段重なる断面構成を持つ。アンボンド制震ブレースを持つ構造が提案され、トップヘビーに対する根拠として杭本数の制限による説明が成された。設備的にBEMSや「見える化」の提案があったが、風速シミュレーションの数値が2m/s前後との記述に対して、開口部を全開口としたとの回答だった。また、法的に4層と解釈されるのか、その場合の縦穴区画に対する質疑があった。大きくは全体を2層で納めようとするがゆえに、建築面積が大きくなり、その分の負担が課題とされた。

No.9 （株）シーラカンスアンドアソシエイツ

「さまざまな活動をつなぐスキップフロアと大階段」と題して、3層と4層のボリュームが半層ずれて並置される抜け感のあるスキップフロア構成を提案。モールの軸線が大階段として建物を貫くとともに、「スキップフロアによる各ゾーンの連携」と「教室・実験・制作・設計／発表・研究の5つのゾーンとF.L.A.の提案」として断面的、平面的に明快でありながら共用部でお

おらかにつなぐゾーニングであり、またプランニング力は全提案のなかで最も優れたものの一つである。「学生の自発的な学習・研究をサポートする環境ー教材型建築」として場面の転換による空間の使い方、「ゼロエネルギー建築を視覚化する大きな庇ー環境計画」として電気・機械の複数項目の具体的数値を根拠とした提案、「合理的かつ高強度な建築による安心・安全環境ー構造計画」として実験室を一体化することのコストメリット、「対話を重ねる設計プロセス/CFD解析を設計に反映」としてイメージの共有と環境シミュレーションの実績が謳われた。構造的に、純ラーメンかつズレのある構造形式に対して、またスキップフロア空間の縦穴区画の考え方について質疑があがったが、十分な実績に裏付けられた説明が成された。シンボル性に欠けるとの指摘もあった。

No.10 (株)D.I.G Architects

「学生の交流を促す様々なラウンジによって教育の教材となり、積極的な再生可能エネルギー利用を発信する建築」と題して、大きくは3層構成となるが細かなレベル設定により異なる性格の場所がゆるやかに連続する、有機的な繋がりを持つ空間の提案。モールの軸線は大階段として建物を貫き、「学生たちの学年や分野の垣根を越えた縦と横の交流をうながす3つのラウンジ」として、1階には創作に集中し、講評の場ともなるデザインラウンジ、2階には交流からクリエーションを生み出すエスキスラウンジ、3階には学生・教員の憩いの場としてのルーフラウンジが提案された。「キャンパスの地形を活かした全体計画に呼応した内部のスキップフロア」として、場面の転換による室の対応が示された。「再生可能エネルギー利用による枯渇性エネルギー利用ゼロを目指す計画」では、各項目の根拠となる数値は太陽光発電を除き、未掲載であった。「免震構造の導入による南海トラフ巨大地震に対する無被害の実現」として、唯一、免震構造による提案であった。構造的に構造実験室と材料実験室への搬入について、平面的に教員室の3階への分離について質疑があがった。

最終審査評

プレゼンテーション終了後、審査員による採点の集計が行われ、1位 NASCA：483点、2位 シーラカンスアンドアソシエイツ：428点、3位 手塚建築研究所：424点、4位 久米設計409点、以降、5位 D.I.Gアーキテクツ、6位 諸江一紀建築設計事務所、7位 スタジオ・ベロシティ、8位 生物建築舎、9位 kwhgアーキテクツ、10位 針谷建築事務所の順となりました。

選定に向けて、今後、具体的な要求を提示していくが、設計・監理段階における設計事務所の対応能力が重要であること、提案として哲学的な意志の強さが表明されていること、設計事務所としての経験、地域とのつながりを持つこと、以上に配慮すべきであるとの発言がありました。当初、上位5社に絞り込み、議論を進めることを想定していましたが、上位4社が400点台であり、5位以下と点数差があったため、上位4社で絞り込んでいくこととしました。しかし、400点台の中でも、483点と高い数値を示した1位のNASCAと、2位から4位の400点台前半の各社とは開きがあること、NASCA案は全ての採点項目で最高点であること、ホーリスティックな建築学科という教育目標からみてそれを高いレベルで体現し、また地域とのつながりをテーマの一つに掲げており、他者には超えがたい魅力がある、として審査委員会としてはNASCAを第一候補として推薦することとなりました。なお、法人としては建設コストおよび設計料に関して検討を加えて、上位4社より絞り込みを行うこととなりました。

後日、法人としての絞り込みの結果、NASCAを第一候補とすることとなりました。

entree

プロポーザル提案パネル No.1

(株)久米設計　KUME SEKKEI Co., Ltd.

プロポーザル提案パネル No.2

企業組合針谷建築事務所　HARIGAYA ARCHITECTURE

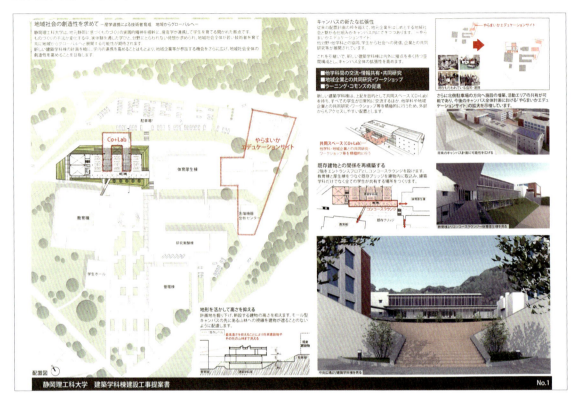

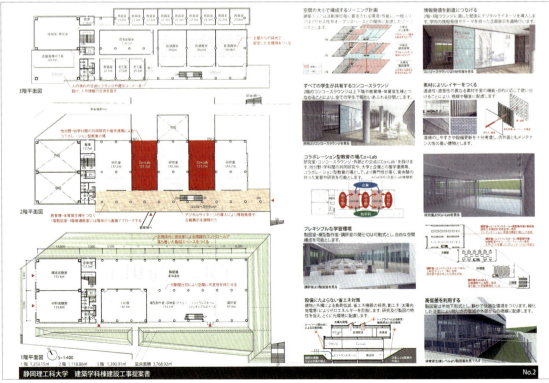

プロポーザル提案パネル No.3

生物建築舎　IKIMONO ARCHITECTS

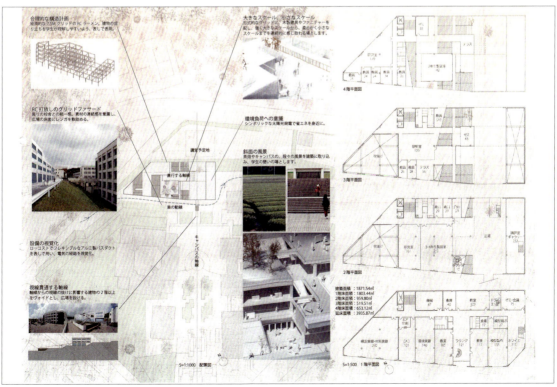

プロポーザル提案パネル No.4

(株)手塚建築研究所　TEZUKA ARCHITECTS

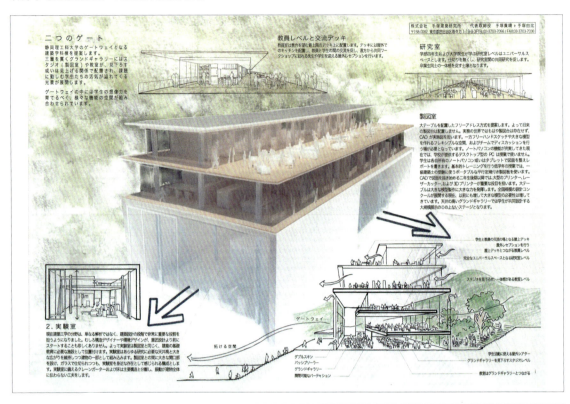

プロポーザル提案パネル No.5

諸江一紀建築設計事務所＋井原正揮/ihrmk　Kazuki Moroe Architects+Masaki Ihara / ihrmk Ltd.

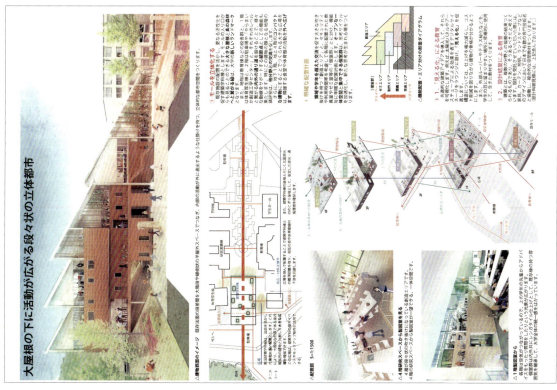

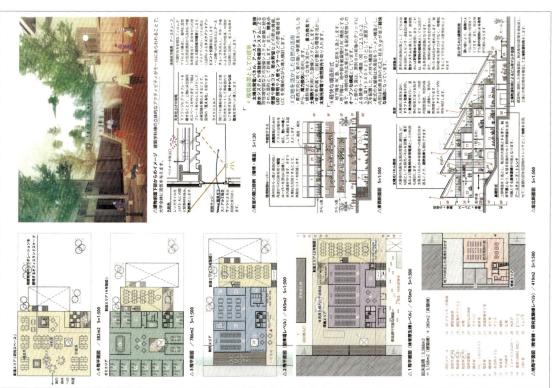

えんつりーを　1 構想する　/ 2 デザインする　/ 3 評価する　/ 4 建てる　/ 5 語る

プロポーザル提案パネル No.6

(株)kwhgアーキテクツ　kwhg architects co., ltd.

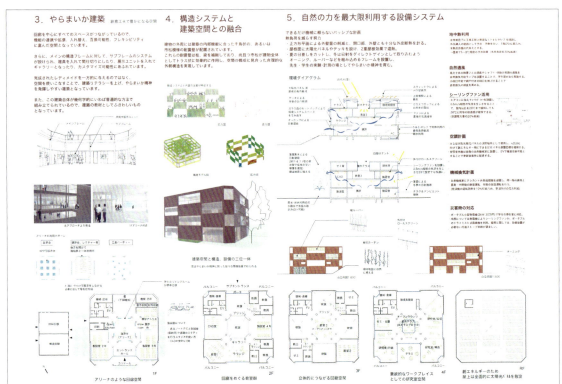

プロポーザル提案パネル No.7
NASCA NASCA

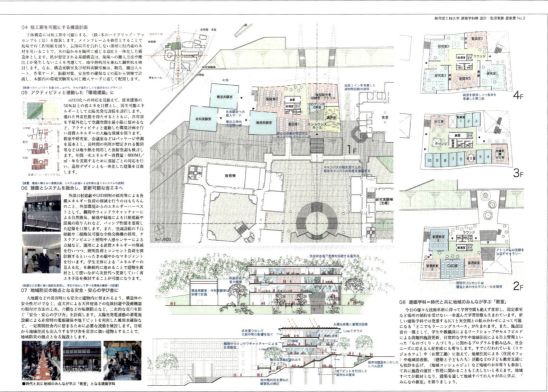

プロポーザル提案パネル No.8

スタジオ・ベロシティ　studio velocity

プロポーザル提案パネル No.9

(株)シーラカンスアンドアソシエイツ　CAn / C+A nagoya (Coelacanth and Associates nagoya)

プロポーザル提案パネル No.10
(株) D.I.G Architects　D.I.G. Architects

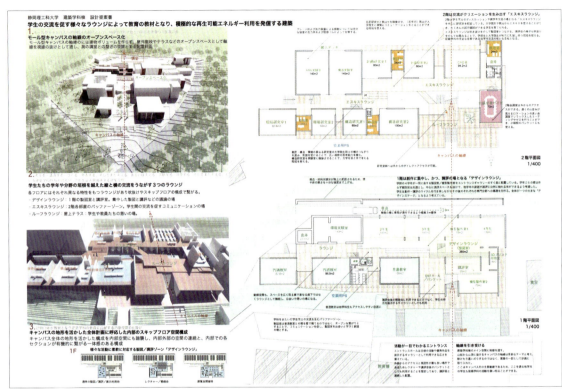
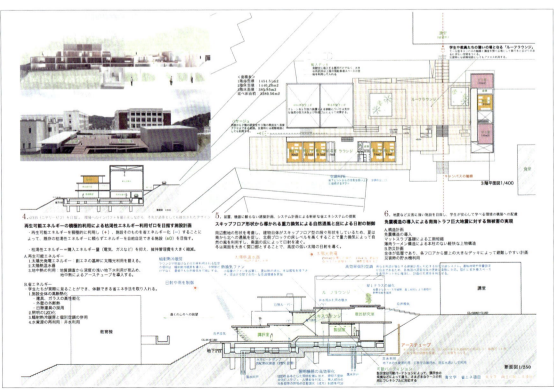

COLUMN 1

えんつりーを「表現する」
Representing "enTree"

コンセプトを具現化する図面が描かれ、工事が始まるタイミングで「デザインコンセプトシート」（下図および次ページの両面使い）を作成しました。本シートはオープンキャンパスや大学見学会など、施工段階で訪れる来学者に対して、建築学科棟のコンセプトをわかりやすく伝えるために、建築意匠・計画、建築環境、建築構造、建築材料などの建築学の領域別の解説と、平面図と断面図から空間構成を示した紹介シートです。図面だけでは読み取ることが難しいデザインの根拠について「31のヒミツ」として、ポップなスケッチと共に、どこに何があり、どういった活動が想定されているのかを示しています。実は、このシート、各階平面や柱パーツを切り出して模型を作成することができます。オープンキャンパスでは高校生対象の企画を開催しました。

上：コンセプトシートから作成したえんつりーの模型。スケールは1/400
下：オープンキャンパスでカッターを使って模型を作成する高校生

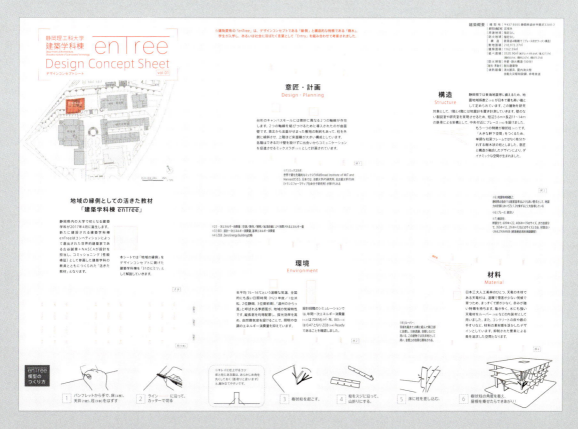

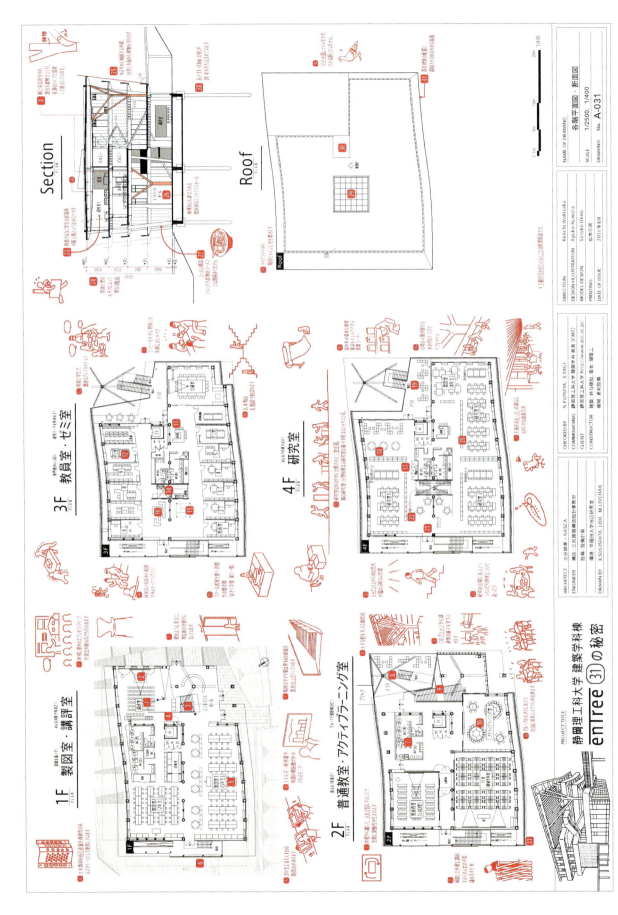

えんつりーを デザインする

計画・設計段階 | 意匠・構造・設備設計

Designing "enTree" | Planning and Design Phase | Architectural, Structural, and Facility Design

発注者の要望が示されたOPR(企画・設計要件書)を元に、具体的な配置、空間構成、素材、植栽、構造、採光、換気、空調、照明などなど、虫の視点(個別的)と鳥の視点(統合的)の両面から計画・設計が進められました。

Based on the Owner's Project Requirements (OPR) in which the client's requests were established, plans and designs were developed from both individual and integrated perspectives in the site planning, spatial composition, materials, landscaping, structure, natural and artificial lighting, natural ventilation, and heating, ventilation and air conditioning (HVAC) design.

原理を追求したものは死ぬが、原理は不滅である。/ Frank Lloyd Wright (1867-1959)

意匠・計画 01　配置計画

キャンパス軸と大きな軒下空間

Site Planning | Campus Axis and Large Eave-Covered Space

キャンパスモールの軸線　えんつりーは既存キャンパスの配置計画の骨格であるキャンパスモールに沿って計画されました。既存建物はキャンパスモールに対して妻面を接して配置されており、えんつりーもその構成に則っています。このキャンパスモールは一見並行に見えますが、実際には4度のズレがあります。これは、かつての既存建物の設計者が「未来に向かって広がるイメージ」を表すために、並行とするのでは無く、焦点が生まれるようにした、と聞いています。この微妙な角度のズレがえんつりーの平面に表れる曲線を生む根拠となっていきました。

Campus Mall Axis | The architectural department building, "enTree", was planned along the campus mall, which is the spine of campus master plan. Although the campus mall edges appear to be parallel, there is in fact a 3-degree shift in angle. This subtle angular difference generated the curvature of the exterior walls in plan.

キャンパスモール中央より北にえんつりーを望む

軒の出と台形断面　日本古来の建築が備えていた「軒」が四周を囲むえんつりー。軒には外壁やガラスを雨、雪から保護し、夏の暑い日差しをやわらげ、軒下空間に人の居場所をつくる効果があります。

えんつりーの立面で特徴的なのは、上底が長く、下底が短い台形であることです。これは、敷地が北側、南側の法面に挟まれている上、既存厚生棟内の食堂への搬入車両動線を確保するといった配置計画上の制約があったことが影響しています。

Eave Extension and Trapezoidal Section |
In "enTree", the traditional Japanese architectural element of eaves are found extending beyond the building on all four sides. Eaves serve to protect the exterior wall and glazing from rain and wind, soften summer sunlight, and create a place for people to gather. In elevation, "enTree" is a trapezoid with a long upper base and a short lower base due to site planning restrictions.

中庭よりえんつりーの東面を見る

えんつりーを　1 構想する　／　2 デザインする　／　3 評価する　／　4 建てる　／　5 語る

キャンパスモールとの調和　キャンパスモールは、延長200mの長さ、南端で約36m、北端で約26mの台形となっています。標高で見ると南端で53.6m、北端で73.7mと、高低差20.1mの傾斜地です（P.115）。このキャンパスモールに沿って建てられたえんつりーは、軒先で30.3mの幅を持ち、モール空間を補強する役割を担っています。

また、えんつりーは4層の高さでありながら、欠き取られ、2階レベルに持ち上げられたテラス空間や、テラスに絡みつく直階段と折り返し階段、そして外部に露出した樹状柱によってダイナミックな印象を与えます。

Integration with the Campus Mall | The terrace space elevated to the second floor as an atrium, the straight staircase and U-shaped staircase entwining on the terrace, and the tree-shaped columns exposed under the eaves produce a dynamic expression.

北端よりキャンパスモールを見通す

動線沿いのテラス　全国的に見て温暖な静岡県の気候に対応して、中間期に快適に過ごすことのできる軒下空間はキャンパスにおける交流空間として機能します。上下階への動線である階段が外部に配置され、その動線の近傍にテーブル、椅子を配して、通路としてだけではなくテラスとして機能する軒下空間が自然な利用を促します。柔らかな光が差し込み、適度な風が抜ける木陰のようなテラスは、内部空間、外部空間の間にある中間領域として学生どうし、また学生と教員とのフランクな交流を促します。

Terrace along the Circulation Path | The eave-covered terrace responding to the climatic characteristics of Shizuoka's long, warm intermediate seasons will serve as an exchange space for students. The stair elements connecting the upper and lower floors are installed on the exterior, and furniture is arranged along the circulation path to encourage usage.

4階 テラス

えんつりーを　　1 構想する　／　2 デザインする　／　3 評価する　／　4 建てる　／　5 語る

キャノピーによる新旧の接続　えんつりーの新設に合わせて、既存教育棟と研究実験棟を結ぶキャノピーが設けられました。キャノピーは雨天時の移動を助けると共に、新設建物を既存建物群に有機的に位置づける「環」の役割も持ちます。

キャノピーの柱は千鳥状に配され、また軒裏は平滑で半光沢の塗装で仕上げられたケイカル板を用いることで、軽快で、浮遊感のあるデザインとなっています。竪樋を落とさないディテールも特徴的なデザインです。

Canopies that Connect with Existing Buildings | The canopy serves as a "loop" that organically positions "enTree" among the existing buildings. The columns of the canopy were positioned in zig-zag arrangement, and the eaves were finished in a smooth, semi-gloss paint, producing a light, floating effect.

キャンパスモールに直行するキャノピー

意匠・計画 02　空間計画

つながる空間、うまれる交流、ひらめく思考

Spatial Planning | Space Creating Connection, Exchange, and Inspiration

ミックス・ラボによるオープンな空間　えんつりーの1階に設けられたデザインスタジオは、設計製図や模型製作を行うスペースです。2つのデザインスタジオは、それぞれ2つの学年に対応しており、間にエスキススペースを挟み込んで並列的に配置されています。これら3つのスペースの間には間仕切り壁が設けられておらず、腰高の什器、ブレースで緩やかに仕切られています。

こうした一体的な空間構成はミックスラボと呼ばれる形式であり、異なる学年の作業風景やエスキスの状況を視覚的にも空間的にもオープンにすることによって、学年を越えた刺激を与え合い、交流を促進する効果を狙ったものです。

Open Design Studios | The Design Studios on the first floor are spaces mainly for the production of drawings and models. There are no partition walls between the design studios, and they are only separated by structural bracing and a waist-high lockers. Such an integral spatial composition is referred to as a "MixLab". With open visual accessibility, the Mix Lab promotes both inter-grade level stimulation and interaction.

1階 デザインスタジオ1を見通す

エントランスホールの視認性　エントランスホールは、前方奥に講評室、上階への大階段、左側にデザインスタジオが見え、またそれらとの間には壁が無く、上方の吹抜やフルハイトのガラスが連続する外部サッシから見える風景と相まって、開放的な空間となっています。また、樹状柱や斜め柱、キャンチレバーで突き出た2階ボリューム、台形平面の大階段、そして天井ルーバーによって躍動的な印象を与えます。

Visibility of the Entrance Hall | The entrance hall connects to the Jury Room and Design Studios, and is an open space that has an open ceiling, large stairway, and view beyond the exterior window sashes. The tree-shaped columns, the cantilevered second floor with cantilever, the large stairway, and ceiling louvers produce a dynamic expression.

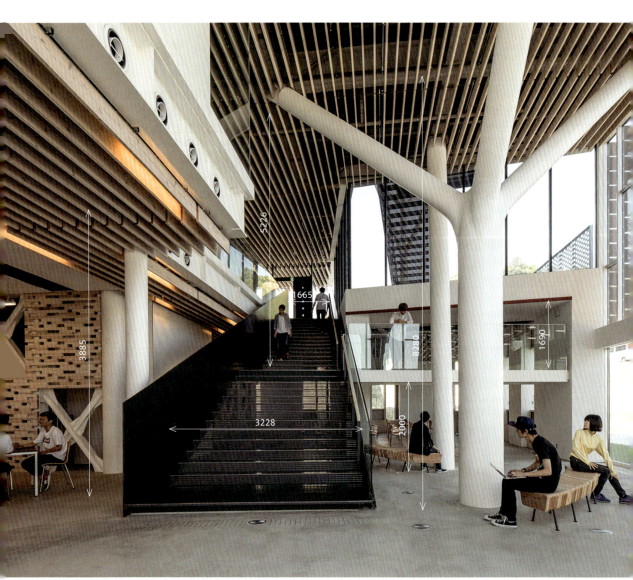

エントランスホールより2階出入口を見る

オープンな講評室 講評会やシンポジウムの際、エントランスホールとの間には壁が無いため、他学年、他領域の学生等が興味を持てば、耳を傾けることができる構成です。講評室側の天井高さは3530mmであり、大階段の踊り場からブリッジを掛け、メザニン空間を設けています。写真では年に2回開催しているバーチカルレビュー（2019年2月25日開催）における講評風景を示します。

Open Jury Room | There are no walls dividing the Jury Room from the entrance hall, enabling students from other years or other departments to listen in on reviews or lectures. A bridge extends from the landing of the large stairs, generating a mezzanine space from which the juries can also be observed.

デザインスタジオの連続性 デザインスタジオ1からデザインスタジオ2を見た写真です。腰高のロッカーとブレースの間がエスキスコーナー兼通路となっています。これら3つの空間の間には壁がなく、視覚的な連続性があります。

Continuity of the Design Studios | View of Design Studio 2 from Design Studio 1. The space between the waist-high lockers and structural bracing serves doubly as an "Esquisse Corner" and passage. There are no walls dividing these three spaces.

1階 デザインスタジオ1からデザインスタジオ2を見る

えんつりーを　1 構想する　/　**2 デザインする**　/　3 評価する　/　4 建てる　/　5 語る

スタディ模型

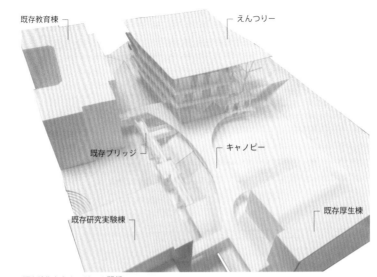

既存教育棟
えんつりー
既存ブリッジ
キャノピー
既存研究実験棟
既存厚生棟

既存建物とえんつりーの関係

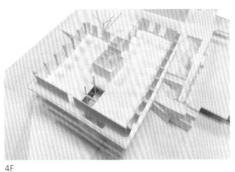

4F

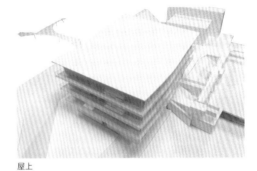

屋上

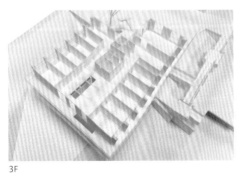

3F

講評室からエントランスホールを見る

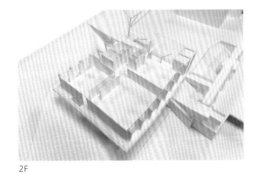

2F

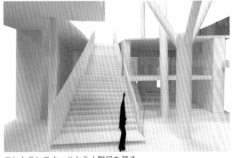

エントランスホールから大階段を見る

42

複数の入れ子 1階デザインスタジオ2から入れ子空間の印刷室(右)とトイレ(左)を見た写真です。天井から離すことによって、空間が連続し、デザインスタジオ1(右側)、講評室(奥側)との一体感が生まれます。

A Variety of "Nesting Boxes" | View from Design Studio 2 to the "nesting-box"-style Printing Room (right) and toilets (left). Separating the walls from the ceiling creates a continuous space, and reinforces the integration with Design Studio 1 and the Jury Room.

入れ子と通路 1階講評室(手前)から続く北側壁面を見た写真です。トイレのボリューム(左側)を北側壁面から離して入れ子状に置くことで連続的な空間となります。

"Nesting Boxes" and Circulation | Variety of "Nesting Boxes" | View of the north wall from the 1F Jury Room. Setting the toilet unit away from the north wall in a "nesting-box" fashion creates a continuous space.

ダブルコリドー 3階教員室前の廊下を見通した写真です。南北の教員室からガラス壁を通して廊下に光が差し込みます。中央にはトップライト越しに光が落ちてきます。

Corridors and Lounge | View of the corridor along the teachers' offices on the 3rd floor. Light spills into the corridor through the glazing of the teachers' offices on the right as well as from the skylights above to the left.

アイランドキッチン　給湯室に押し込めず、廊下に設けたキッチンは、食器を洗う、コーヒーを入れるといった日常の生活行為の延長に他者との交流を生み出します。また、講評会やゼミの中間発表後の打ち上げ等、廊下や隣接する会議室も含めて、パーティースペースとなることも想定しています。

　キッチンが置かれた空間には、隣接する室のガラス壁から光が差し込み、明るく開放的な印象を与えます。

Kitchenette | The kitchenette along the corridor encourages exchange with others as an extension of daily activities such as washing dishes and making coffee. Incorporating the corridor and adjacent meeting rooms, this space can also be used as an event space for parties and the like.

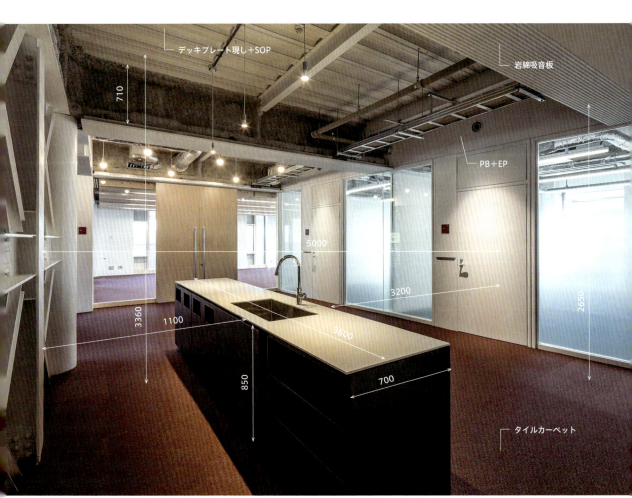

3階 廊下のアイランドキッチン

ラウンジ　3階ラウンジに設けた四畳半のタタミユニットでは、一畳の長辺の1.5倍、つまり2700mm角というスケールを日常的に体感することができます。ここは、寛ぐだけではなく、われわれ日本人に受け継がれてきた身体的なスケールであり、モジュールでもある尺貫法を確認するスペースとなります。

　ちなみに、伝統的に日本の和室では、四畳半の場合、天井高さ7尺1寸（2130mm）が適当とされています。タタミスペースの上部フレームの上端もほぼその高さになっています。

Lounge | While relaxing in a 4.5-mat tatami space, students can regularly experience the 2,700 mm by 2,700 mm scale as a reference to the traditional Japanese "shak-kan" modular system based on the human body. The upper edge of the upper frame of the tatami space is 2,130 mm, reflecting the height of a traditional Japanese room.

3階 ラウンジのタタミユニット

えんつりーを　1 構想する　/　2 デザインする　/　3 評価する　/　4 建てる　/　5 語る

意匠・計画 03　マテリアルデザイン
触感のあるピュアな素材
Material Design | Simple and Tactile Materials

黒皮鉄板の階段　エントランスホールから2階へ向かう大階段は黒皮仕上げの鉄板を用いた素材そのものの迫力に満ちた階段です。酸化被膜でもある黒皮は微妙なムラがあり、光をやわらかに反射します。ササラ兼手すりの鉄板は厚16mmと厚9mmを高さによって使い分け、階段のサイズは外形で最大W10.5m×H5.8mもの大きさです。蹴込み板にはパンチング加工された鉄板を用い、視線が抜けることで重厚な素材でありながら軽やかな印象を与えます。

Steel Plate Stairway | Mill-scale finished steel plates were used for the entrance hall stairway. Two thicknesses, 16 mm and 9 mm, were used for the steel plates. At the widest dimension, the stairway measures 10.5 m, and climbs a height of 5.8 m. The perforated steel plates used for the risers produce a light expression by allowing lines of sight to pass through.

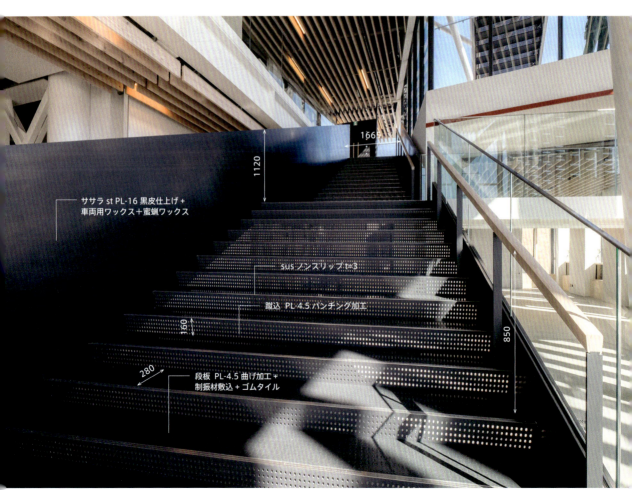

1階から大階段を見上げる

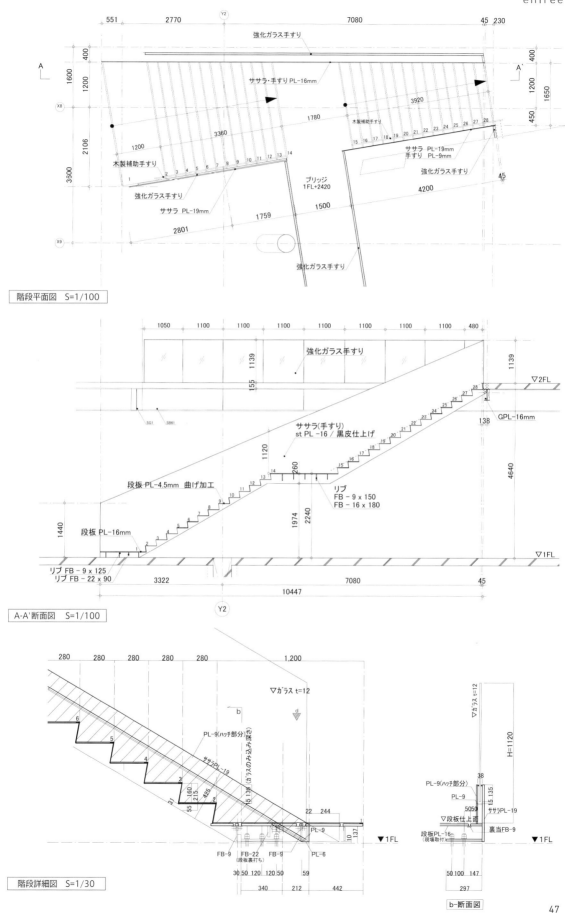

鉄板階段のディテール 　ササラ兼手すりの頂部には、クレーンで釣り上げ、据え付けるための穴（直径50mm）が開けられ、それが意匠的なアクセントになっています。設計段階で鋭角だった頂部は、安全性を考慮して、現場で木の無垢材をほぞに嵌め込むこととしました。柔らかな木の表情が硬質な鉄板仕上げとのコントラストを生み出します。

　階段は工場で段板、蹴上げ板、ササラとともに組み立てられ、夜間にトラックで運搬（なんと千葉県から！）されました。なお、鉄板の防錆対策として蜜蝋ワックスを用いますが、ワックス塗りはピュアな素材に触れる機会として、新入生を迎える春の歓迎会の際に恒例行事としていく予定です。

Design of the Steel Plate Stairway | Holes were created at the top of the handrails for lifting by crane. The handrails were fitted with solid wood railings, providing an accent. The stairway was assembled offsite at a production plant complete with treads, risers, and stringers, and was transported late at night by truck from Chiba Prefecture.

天竜杉の天井ルーバー 　天井ルーバーは、地元、静岡県産材の天竜杉を用いました。ルーバーサイズはW30mm×H180mmとして、ルーバー間に照明を仕込めるようにH寸法とピッチ（175+30=205）を決めました。

　ちなみに、天竜杉は日本三大人工美林のひとつで、温暖で雪害が少ない気候で育つことから、まっすぐで節が少ない、赤みが強い、脂が多くて水に強い、という特徴を持ちます。

Wood Ceiling Louvers | Japanese cedar was used for the ceiling louvers. Their span and dimensions, 30-mm wide by 180-mm high, were determined by the lighting fixtures that were installed between the louvers. The particular type of cedar, from Tenryu in Shizuoka Prefecture, is characterized by its straightness and reddish hue, few knots, and large amount of resin that make it water-resistant.

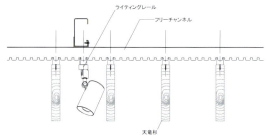

コンクリート直仕上げ　1階床はコンクリート金ゴテ仕上げとして、材料の持つ「素」の表情を活かしています。一見すると、粗くて、冷たい印象を持つかもしれませんが、床の表面には金鏝のムラや墨出しの跡がうっすらと残り、手仕事のもつ温かみが感じられる仕上げです。表面のクラックや冬期の暖房方式については今後の課題です。

―

Concrete Finish | The concrete floor on the first floor was finished with a steel trowel, taking advantage of the simplicity of the material. The irregularity of the trowel marks and measurements marking the surface of the floor are personable traces that reveal the handiwork of the construction.

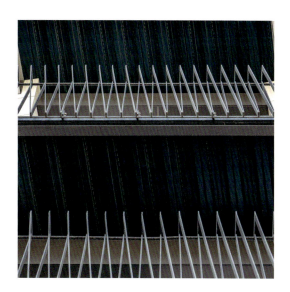

ぐるぐる手すり　バルコニーの手すりにはスチールフラットバー厚9×50+溶融亜鉛メッキリン酸処理を用いました。上階ほど床面積が大きくなる空間構成に呼応して、外側に斜めの部材を配し、また安全性を考慮して、内側には垂直の部材を配した上、両方の部材が一筆書きのように「ぐるぐる」と連続したデザインです。

―

Stairway with Spiral Handrail | The balcony handrails were made using a 9-mm-by-50-mm-thick steel flat bar. The outside components were made of diagonal flat bars with vertical flat bars on the inside, and the two components were connected into a continuous spiral.

アルミパンチング手すり　外部階段の手すりにはアルミパンチングメタル厚3.2mm亜鉛メッキリン酸処理を用いました。70mmφの穴を119.7mmピッチで千鳥状に配したパネルにより、視線の抜け感のあるデザインです。

―

Punched Handrails | The handrails on the exterior stairway were made of 3.2-mm-thick perforated aluminum sheets. In the panels, 70-mm-diameter holes were punched in a zigzag arrangement at a pitch of 119.7 mm and were designed to allow a degree of visibility through them.

えんつりーを　1 構想する / **2 デザインする** / 3 評価する / 4 建てる / 5 語る

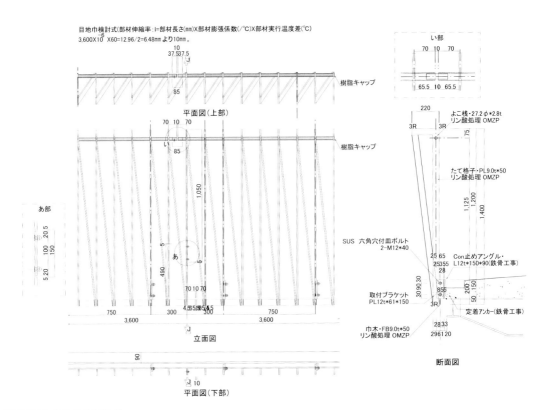

ぐるぐる手すり 詳細図　S=1/30

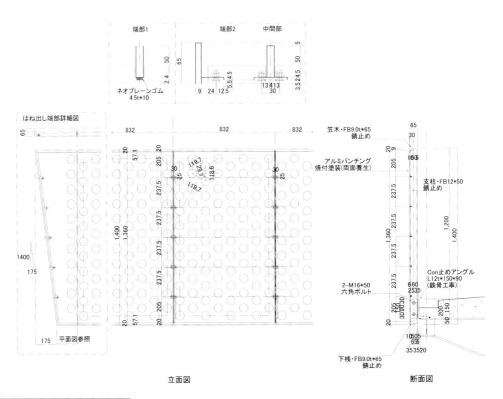

アルミパンチング手すり 詳細図　S=1/30

マテリアル

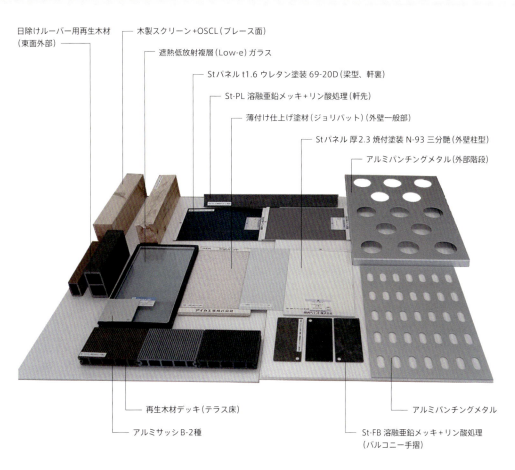

- 日除けルーバー用再生木材（東面外部）
- 木製スクリーン+OSCL（ブレース面）
- 遮熱低放射複層（Low-e）ガラス
- Stパネル t1.6 ウレタン塗装 69-20D（梁型、軒裏）
- St-PL 溶融亜鉛メッキ+リン酸処理（軒先）
- 薄付け仕上げ塗材（ジョリパット）（外壁一般部）
- Stパネル 厚2.3 焼付塗装 N-93 三分艶（外壁柱型）
- アルミパンチングメタル（外部階段）
- 再生木材デッキ（テラス床）
- アルミサッシB-2種
- St-FB 溶融亜鉛メッキ+リン酸処理（バルコニー手摺）
- アルミパンチングメタル

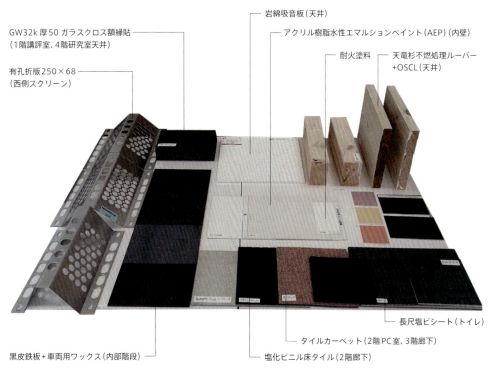

- GW32k 厚50 ガラスクロス額縁貼（1階講評室、4階研究室天井）
- 有孔折版 250×68（西側スクリーン）
- 岩綿吸音板（天井）
- アクリル樹脂水性エマルションペイント（AEP）（内壁）
- 耐火塗料
- 天竜杉不燃処理ルーバー+OSCL（天井）
- 黒皮鉄板+車両用ワックス（内部階段）
- 塩化ビニル床タイル（2階廊下）
- タイルカーペット（2階PC室、3階廊下）
- 長尺塩ビシート（トイレ）

えんつりーを　　1 構想する　／　**2 デザインする**　／　3 評価する　／　4 建てる　／　5 語る

フォーマルな椅子　1階講評室には、発表やシンポジウムなど晴れの場に相応しい什器として、北欧のデザイナーや建築家によってデザインされた椅子を用いました。床のコンクリート金ゴテ仕上げ、天井の木ルーバー、壁の白ペンキに調和させるよう、簡素で上品なデザインの椅子を候補として、しっとりとした質感の木目で、明るい色調の既製品から複数のタイプを選定しました。座る椅子を選ぶ楽しさと、調和と個性が共存した講評室となっています。

Formal Chairs | For the Jury Room, chairs designed by Scandinavian designers were selected as suitable for a presentation room. Among the simple and elegant ready-made chairs, natural, light-colored wood finishes were selected. The variation allows for the delight in selecting a different chair each time, and creates a unique but harmonious atmosphere for the Jury Room.

ANT CHAIR by ARNE JACOBSEN
SERIES 7 CHAIR by ARNE JACOBSEN
CHAIRIK chair by Erik Magnussen
Campus Chair by Johannes Foersom

1階 講評室

カジュアルな椅子　4階には、学生のための空間として複数の研究室が同じ階に配されています。そこで、隣接する読書コーナーには、日常使いのカジュアルな雰囲気が感じられる椅子として、軽量、安価、色の選択肢が豊富なプラスチック系の素材の椅子を選定しました。ここでも、複数のデザイン、または同種の椅子でも異なるカラーの椅子を選定して、座る楽しさを感じられる椅子としました。

Casual Chairs | For the Reading Corner, chairs made of plastic were selected for their low cost, but also for their light weight and rich variety of color choices to produce a casual ambience.

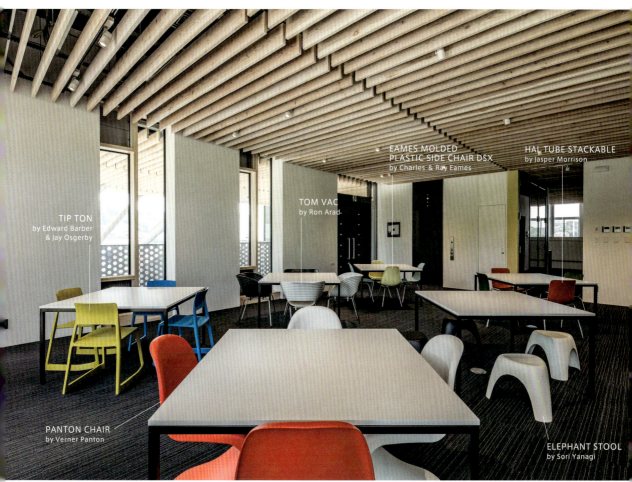

TIP TON
by Edward Barber & Jay Osgerby

TOM VAC
by Ron Arad

EAMES MOLDED PLASTIC SIDE CHAIR DSX
by Charles & Ray Eames

HAL TUBE STACKABLE
by Jasper Morrison

PANTON CHAIR
by Verner Panton

ELEPHANT STOOL
by Sori Yanagi

4階 読書コーナー

1階

ANT CHAIR
デザイナー：Arne Jacobsen
(1902–1971)
国名：デンマーク
発表年：1952年
サイズ：W510×D480×H815／SH465
材種：シェル／ナチュラルウッド
　　　ベース／スチール
定価：69,120円(税込)

1階

SERIES 7 CHAIR
デザイナー：Arne Jacobsen
(1902–1971)
国名：デンマーク
発表年：1955年
サイズ：W500×D520×H805／SH465
材種：シェル／ナチュラルウッド
　　　ベース／スチール
定価：73,440円(税込)

1階

CAMPUS CHAIR 4 LEGS
デザイナー：Johannes Foersom
(1947–)
国名：デンマーク
発表年：1992年
サイズ：W530×D490×H760／SH450
材種：シェル／ナチュラルウッド
　　　ベース／スチール
定価：22,260円(税込)

1階

ENGELBRECHTS CHAIRIK CHAIR
デザイナー：Erik Magnussen
(1940–2014)
国名：デンマーク
発表年：1997年
サイズ：W470×D530×H770／SH460
材種：シェル／ナチュラルウッド
　　　ベース／スチール
定価：62,640円(税込)

4階

EAMES MOLDED PLASTIC SIDE CHAIR DSX
デザイナー：Charles & Ray Eames
(1907–1978, 1912–1988)
国名：アメリカ合衆国
発表年：1950年
サイズ：W465×D550×H810／SH410
材種：シェル／プラスチック
　　　ベース／スチール
定価：41,040円(税込)

4階

ELEPHANT STOOL
デザイナー：柳 宗理 (1915–2011)
国名：日本
発表年：1954年
サイズ：W515×D465×H370
材種：ポリプロピレン
定価：12,960円(税込)

4階

PANTON CHAIR
デザイナー：Verner Panton (1926–1998)
国名：デンマーク
発表年：1960年
サイズ：W500×D610×H830／SH410
材種：ポリプロピレン
定価：34,560円(税込)

4階

TOM VAC
デザイナー：Ron Arad (1951–)
国名：イスラエル
発表年：1999年
サイズ：W640×D650×H750／SH413
材種：シェル／ポリプロピレン
　　　ベース／スチール
定価：37,800円(税込)

4階

TIP TON
デザイナー：Edward Barber & Jay Osgerby (共に1969–)
国名：イギリス
発表年：2011年
サイズ：W509×D555×H786／SH462
材種：ポリプロピレン
定価：32,400円(税込)

4階

HAL TUBE STACKABLE
デザイナー：Jasper Morrison
(1959–)
国名：イギリス
発表年：2010/14
サイズ：W540×D490×H790／SH430
材種：シェル／ポリプロピレン
　　　ベース／スチール
定価：32,400円(税込)

1、4階椅子詳細

（スケッチ：疋田 大智）

意匠・計画 04　サイン・色彩計画

個性と気づきを与える視覚情報
Sign and Color Identity and Effective Visual Information

フォント　地方に立地する小規模理工系大学としてのアイデンティティを高めるため、明快さ、知性、和英の組合せによる調和の観点からフォントを検討し、和文としてAXIS、英文としてDIN（ドイツ工業規格の略）を選定しました。また、建物の平面形に表れる外形の曲線を用い、enTreeのオリジナルロゴを考案しました。

Fonts | In order to enhance the identity as a small university located in a rural area, the font used for the signage was selected from the point of clarity, intelligence, and balance between the Japanese and English font. AXIS was selected as the Japanese font and DIN was selected as the English font. The curve of the outer wall that appears in the building plan was used to derive the original "enTree" logo.

建築学科
けんちくがっか
1234567890
AXIS R

ARCHITECTURE
architecture
1234567890
DIN R

1階 エントランスホールのロゴ

静岡理工科大学　建築学科棟　えんつりー | Shizuoka Institute of Science and Technology　Department of Architecture

enTree

ピクトグラム　絵によって人を誘導するピクトグラムは、ごく短時間で室などの用途を認識させる「分かりやすさ」が求められるサインです。えんつりーでは、分かりやすさに加えて、「地域の縁側」「開かれた大学」という建物コンセプトと呼応して「開いた下部」、新学科として地域との関係を構築しようとする強い意思を表す「太い線」、科学系分野の大学としての明快さを示す「シングルライン」を用いた独自のピクトサインをデザインしました。

　この考え方は、その後、外構サインにも展開され、学内のキャンパスデザインにも活かされています。

Pictographs | A pictograph icon used on signage should be easy to understand, allowing users to recognize the purpose of a room at a glance. Unique pictographs were devised with some general rules: the use of thick, single lines and open-ended base lines. These pictographs were also used for exterior signage on the university campus.

スケールバー　デザインスタジオの柱・天井には「スケールバー（目盛り）」を設けました。柱には床から天井まで300mmピッチで目盛りが設けられ、これは尺度の単位に対応させたガイドです。天井には200mmピッチでドットが設けられ、これはメートル法に対応させたガイドです。これらのガイドは、室の幅、奥行き、高さの関係に潜む一定の法則について、日常的に過ごす空間からスケール感を養うことを意図しています。日本と西洋のモジュールの違い、身体と寸法の関係を学修する場となっています。

Scale Bars | Scale bars are measured out on the columns and ceiling of the Design Studios: the columns with a 300-mm-pitch scale, and the ceiling with a 200-mm-pitch scale. These scale bars serve as guides inside the spaces where students spend their days as a tool toward acquiring an appropriate sense of scale.

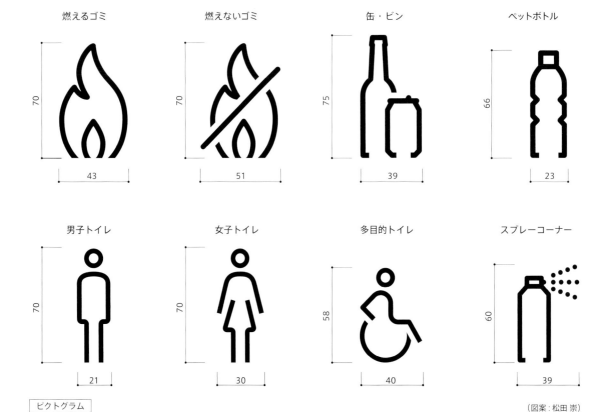

ピクトグラム

（図案：松田 崇）

entree

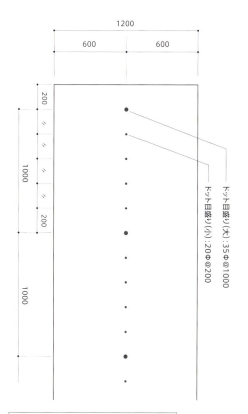

天井面（0〜10m）スケールバー　S=1/30

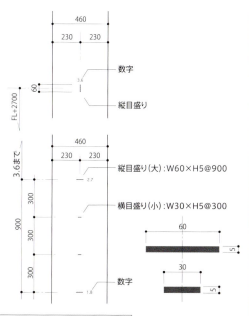

柱部（0〜3.6m）スケールバー　S=1/30

スケールバー

1階 デザインスタジオ1から2を見る

えんつりーを　　1 構想する　／　**2 デザインする**　／　3 評価する　／　4 建てる　／　5 語る

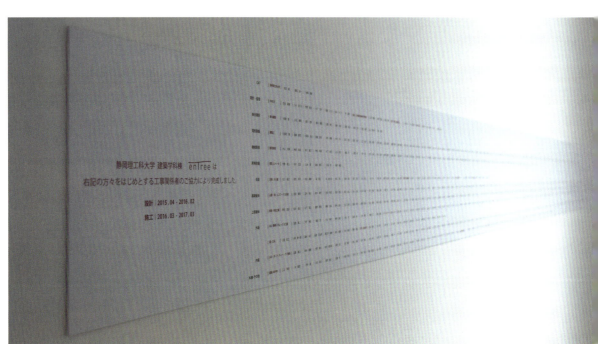

entrée

工事関係者サイン　1階の入れ子状の水廻りスペース北側には工事関係者サインを設けました。設計期間、工事期間のほか、CMT（企画・計画者）、設計者、各工種名と企業名、職人の氏名が列挙され、えんつりーの建設に関与した全てのメンバーが人工として把握できるようになっています。ちなみに、工事に関与した職人の人数は756人です。

Construction Plaque | A plaque listing the participants in the construction was installed on the north wall of the 1F nesting box unit. The sign reveals the periods of design and construction, the Commissioning Management Team (CMT), architect, construction work and details, as well as the names of contractors and craftspersons, indicating the labor involved in the building's construction.

上左：2階廊下に設置されたゴミ箱用のピクトグラム
上右：2階に設置された男女トイレ用のピクトグラム
下：1階北側廊下に設置された工事関係者サイン

えんつりーを　1 構想する　／　2 デザインする　／　3 評価する　／　4 建てる　／　5 語る

色彩計画　サインの色彩計画として、もともと規定されていた大学カラーの臙脂色（C60/M100/Y100/K0）に対して、学科カラーとして日本の伝統色から「銀鼠（C3/M2/Y0/K35）」を選定しました。建物を基盤・背景として、活動を主とする役割分担を反映して、自己主張せず、調和や上品さを表すグレー系より銀鼠を選択しました。

館名サイン・室名サイン　建物内外のサインでは、ベースカラーに臙脂色、帯に銀鼠を用いるデザインの法則を複数のサインに展開しました。ちなみに、室名サインの大きさはiPad miniと同じ135mmです。

Color Scheme | In contrast to the university's official color, dark red, silver gray was chosen from among a palette of traditional Japanese colors as the color to represent the architectural department. With its subtle, yet elegant and easy-to-coordinate hue, silver gray reflects the concept that the building should merely serve as the backdrop to the users' activity, without dominating or dictating it.

Building and Room Signage | A design rule was established for the building and room signage both inside and outside the building: a base of dark red with a silver gray accent strip.

臙脂色 えんじいろ
Dark Red
DIC-N727
C60 M100 Y100 K0

銀鼠 ぎんねず
Light Gray
DIC-N947
C3 M2 Y0 K35

室名サイン　S=1/5

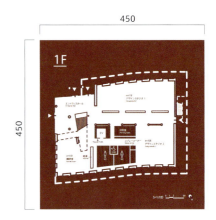

フロアサイン　S=1/10

館名サイン　S=1/30　　外構サイン　S=1/30

アクセントカラー 内部では、各階のエレベーターコアの壁にアクセントカラーを用い、各階の用途を表現しています。何れも日本の伝統色から選定しました。1階は来訪者を迎え入れ、またデザインスタジオでの学生の活力を感じさせる赤系から「桜色」、2階は講義系の諸室があり、集中力を高め、興奮を抑える効果のある青系から「淡水色（うすみずいろ）」、3階は教員室が並び、新しい知を生産するための安心感やリラックスを表す緑系から「裏葉色（うらはいろ）」、4階は学生が主体となる研究室があり、活発さや希望を表す黄色系から「蒸栗色（むしくりいろ）」としました。

Accent Colors | Accent colors were used on the walls of the elevator core to represent the function of each floor level. The accent for the first floor with Design Studios is red to express the vitality of the students, the accent for the second floor with lecture room is blue to enhance concentration, the accent for the third floor with teachers' rooms is green for encouraging relaxed intellectual production, and the accent for the fourth floor with student laboratories is yellow to represent hope. These colors were also selected among a palette of Japanese traditional colors.

3F エレベーターホール

裏葉色 うらはいろ
Light Grayish Green
DIC-N855
C38 M16 Y41 K0

4F エレベーターホール

蒸栗色 むしくりいろ
Dull Yellow
DIC-N801
C3 M14 Y48 K0

1F エレベーターホール

桜色 さくらいろ
Very Pale Red
DIC-N704
C0 M16 Y15 K0

2F エレベーターホール

淡水色 うすみずいろ
Light Grayish Blue Green
DIC-N871
C27 M0 Y12 K0

アフォリズム　えんつりーの建物内外15カ所には「建築家のアフォリズム（金言）」が散りばめられています。時代も、国も、スタイルも、思想も異なる15人の建築家の言葉が刻みこまれています。壁、手すり、梁、ブレース、階段の段裏など、日常生活を送る中で思いがけず目に入る「コトバ」が学生の意識に語りかけます。

　これらは「アフォリズムを探そう！」といったワークショップや、「近代建築史」の講義に活かされています。

　【番外編】（P.64）として、建築家だけではなく、計画者、都市デザイナーも含め、候補に挙がっていたいくつかを紹介します。

Quotations | The quotes of famous architects were scattered in 15 places on the interior and exterior of "enTree". They were selected from architects from diverse periods in history with a wide range of backgrounds, styles, and ideas. Disseminated throughout the building on walls, columns, handrails, and other parts of the building, this text speaks to the students' consciousness as they conduct their daily scholastic routines.

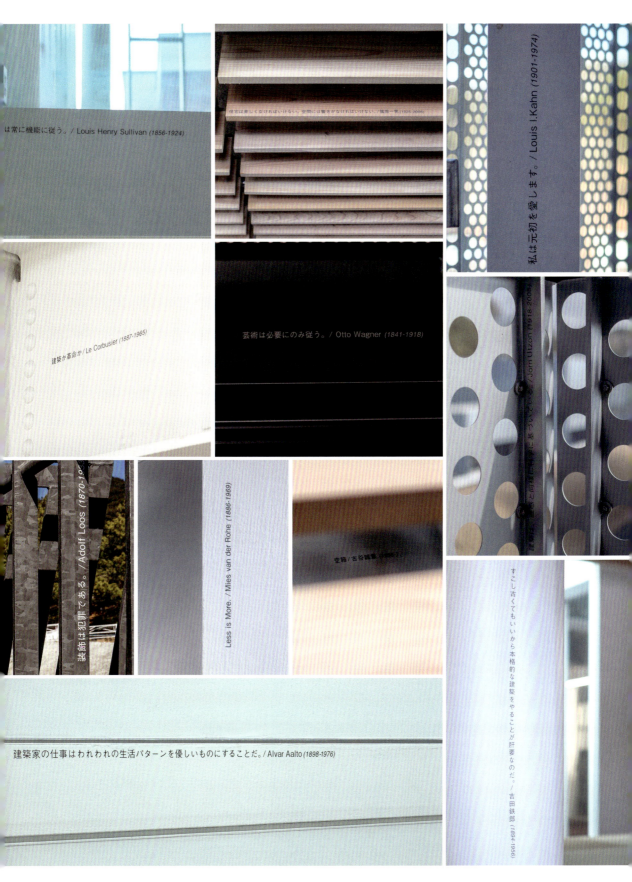

えんつりーを　1 構想する　/　2 デザインする　/　3 評価する　/　4 建てる　/　5 語る

- ☐ 芸術は必要にのみ従う / Otto Wagner (1841-1918)
- ☐ 形態は常に機能に従う。Form ever Follows Function. / Louis Henry Sullivan (1856-1924)
- ☐ 原理を追求したものは死ぬが、原理は不滅である。/ Frank Lloyd Wright (1867-1959)
- ☐ 装飾は犯罪である。/ Adolf Loos (1870-1933)
- ☐ 建築は釣合いの芸術である。/ Bruno Taut (1880-1938)
- ☐ Less is More. / Mies van der Rohe (1886-1969)
- ☐ 建築か革命か。住宅は住むための機械である。/ Le Corbusier (1887-1965)
- ☐ すこし古くてもいいから本格的な建築をやることが肝要なのだ。/ 吉田 鉄郎 (1894-1956)
- ☐ 建築家の仕事はわれわれの生活パターンを優しいものにすることだ。/ Alvar Aalto (1898-1976)
- ☐ 私は元初を愛します。/ Louis I.Kahn (1901-1974)
- ☐ 建築は、直感と同様に科学に基づいている。/ Jorn Utzon (1918-2008)
- ☐ Less is Bore. / Robert Venturi (1925-)
- ☐ 住宅は美しくなければいけない。空間には響きがなければいけない。/ 篠原 一男 (1925-2006)
- ☐ 空間は機能を捨てる。/ 菊竹 清訓 (1928-2011)
- ☐ 空箱 / 古谷 誠章 (1955-)

[えんつりー 設置アフォリズム]

- ☐ 建築家の仕事は、価値を再び正しく秩序づけることである。/ Steen Eiler Rasmussen (1898-1990)
- ☐ (社会)空間とは(社会的)生産物である。/ Henri Lefebvre (1901-1991)
- ☐ 都市のデザインは時間が生み出す芸術である。/ Kevin Lynch (1918-1984)
- ☐ 機能から様相へ / 原 広司 (1936-)
- ☐ 土地の秩序が建物を決める。/ 宮脇 檀 (1936-)
- ☐ 閉じた空間の開放を超えて、制度化された空間の解放へ。/ 坂本 一成 (1943-)
- ☐ More is more. / OMA / Rem Koolhaas (1944-)
- ☐ 原っぱと遊園地 / 青木 淳 (1956-)
- ☐ 建築はその場の状況を構成するさまざまな現象を統一し、それらの境界面として立ちあがる相対的な存在である。/ 阿部 仁史 (1962-)
- ☐ 良い空間は、良い計画プロセスによって、はじめて成就する。/ 小野田 泰明 (1963-)

[【番外編】設置候補アフォリズム(抜粋)]

entrée

オットー・ヴァーグナー (1841〜1918)
オーストリアの建築家。新しい造形を目指したウィーン分離派の中心人物の一人。初期作品は古典主義的傾向を示したが、晩年はアール・ヌーヴォー的手法を示した。代表作に「マジョリカハウス」「カールスプラッツ駅」「ウィーン郵便貯金局」など。「芸術は必要にのみ従う」と主張し、機能性・合理性を重視する近代建築の理念を提唱した。

ルートヴィヒ・ミース・ファン・デル・ローエ (1886〜1969)
ドイツ生まれ、アメリカの建築家。20世紀のモダニズム建築を代表する近代建築の三大巨匠の一人。代表作「バルセロナ・パビリオン」「トゥーゲントハット邸」「ファンズワース邸」「ベルリン国立美術館」など。「Less is more」や「God is in the detail」という言葉を残した。近代建築の概念ユニバーサル・スペースを提示した。

ヨーン・ウッツォン (1918〜2008)
デンマークの建築家。王立芸術アカデミー卒。代表作「シドニー・オペラハウス」のほか「バウスヴェア教会」に見られるダイナミックな造形性や「キンゴー集合住宅」「フレデンスボーの集合住宅」のような伝統的表現などがある。「書かない建築家」が多いと言われる北欧の建築家のなかで、言説を発表してきた。2003年、プリツカー賞受賞。

ルイス・ヘンリー・サリヴァン (1856〜1924)
アメリカの建築家。シカゴ派の代表的な建築家の一人で、機能主義の先駆者。代表作に「カーソン・ピリー・スコット百貨店」「ウェインライトビル」「オーディトリアム」など。「形は機能に従う」という言葉を残した。

ル・コルビュジェ (1887〜1965)
スイス生まれのフランスの建築家。鉄筋コンクリートを利用し、装飾のない平滑な壁面処理、伝統から切り離された合理性によるモダニズム建築を提唱した。代表作「サヴォア邸」「ロンシャンの礼拝堂」「ラ・トゥーレット修道院」など。ドミノ方式による住宅の量産化を目指し、都市計画的視点からも作品を残した。近代建築の五原則(ピロティ、屋上庭園、自由な平面、水平連続窓、自由なファサード)を指摘した。

ロバート・ヴェンチューリ (1925〜2018)
アメリカの建築家。代表作に「母の家」「ギルド・ハウス」「シアトル美術館」など。主著『建築の多様性と対立性』『ラスベガス』において、禁欲的に装飾を否定したモダニズム建築を批判し、ポストモダンを提唱した。

フランク・ロイド・ライト (1867〜1959)
アメリカの建築家。初期の住宅建築で「大草原様式(プレーリースタイル)」と呼ばれる独自の空間構成を示した。代表作の「落水荘」は川に架かるカンチレバーによるダイナミックな形態と空間を特徴とする。その他「ジョンソンワックス社事務所棟」「グッゲンハイム美術館」がある。初期以来一貫して有機的建築を主張し、近代建築の三大巨匠の一人。

吉田 鉄郎 (1894〜1956)
東京帝国大学建築学科卒。昭和初期に活躍し、逓信建築の先駆者の一人で多くのモダニズム建築を設計した。代表作は「東京中央郵便局」「大阪中央郵便局」などがある。著書『日本の住宅』によって、日本の伝統建築を西洋の言葉で紹介し、最も影響力のあった一冊と言われる。庭園研究家でもある。

篠原 一男 (1925〜2006)
東京工業大学建築学科卒。磯崎新と並んでメタボリズム後の日本建築界のリーダーと目され、1970年代以降の住宅建築デザインに多大な影響を与えた。代表作「から傘の家」「白の家」「未完の家」「日本浮世絵博物館」「東京工業大学百年記念館」など。自意識を言語化し、理念にとどまらずに、実作において示し続けた。

アドルフ・ロース (1870〜1933)
オーストリアの建築家。ドレスデン工科大学卒。アメリカへの滞在を経て帰国後、無装飾の即物的な建築を主張した。代表作「シュタイナー邸」は即物主義を具体化した作品。「ロースハウス」「ヴィラ・ミュラー」などがある。モダニズムの先駆的な作品を世に送り、「装飾は罪悪である」という主張により建築界に波紋を呼んだ。

アルヴァー・アアルト (1898〜1976)
フィンランドの建築家。ヘルシンキ工科大学卒。材料の質感を尊重しながら、有機的な空間や形態を特徴とする。代表作は「パイミオのサナトリウム」「サユナットサロの役場」「ヴィープリの図書館」など。建築のほか、都市計画、家具、ガラス食器などの日用品、絵画まで多岐にわたってデザインした。

菊竹 清訓 (1928〜2011)
早稲田大学建築学科卒。黒川紀章、建築評論家の川添登らとともに建築と都市の新陳代謝、循環更新システムによる建築の創造を図る概念「メタボリズム」を提唱した。代表作に「スカイハウス」「出雲大社庁の舎」「東光園」など。建築空間の新しさを過剰に求め、建築構想のダイナミックさなど、後進に大きな影響を与えた。

ブルーノ・タウト (1880〜1938)
ドイツの建築家。ミュンヘンでT.フィッシャーについて建築を学び、表現主義の建築家として知られる。1933年に来日し仙台・高崎において地方産業の近代化に助言を与えた。代表作は「鉄の記念塔」「ガラス・パヴィリオン」「田園都市ファンケンベルクの住宅群」。日本・熱海にて「旧日向別邸」を設計した。

ルイス・I・カーン (1901〜1974)
アメリカの建築家。ペンシルヴェニア大学卒。独自の建築哲学による表現豊かな空間と明快な造形を特徴とする。代表作は「イェール大学美術館」「ペンシルヴェニア大学医学部リチャーズ研究所」「バングラデシュ・ダッカの国会議事堂」がある。ブルータリズムの代表者の一人。

古谷 誠章 (1955〜)
早稲田大学建築学科卒。NASCA代表。早稲田大学創造理工学部教授。代表作「茅野市民館」(日本建築学会作品賞)のほか、日本芸術院賞、吉岡賞、JIA新人賞など受賞多数。機能や造形のみにとらわれず、人々の舞台をつくることが建築家の重要な役割とした。「えんつりー」の設計者。

設置アフォリズムの建築家略歴

(参照:『建築大辞典 第2版』彰国社、1993に加筆修正) (スケッチ:疋田 大智)

意匠・計画 05　ランドスケープデザイン

キャンパス軸を活かす外部空間

Landscape Design | Exterior Space Accentuating the Campus Axis

中庭の樹木　中庭の樹木の選定にあたっては、地域の気候や土壌に馴染むよう、既存キャンパスに植えられている樹木や、地域の市町村で選定されている樹木を把握しつつ、常緑樹、落葉樹の双方から検討していきました。枝の張り方、枝の下端から地面までの高さを考慮して、落葉ではケヤキ（キャンパス内にあり）、コナラ（キャンパス内にあり）、カイノキを、常緑ではクスノキ（キャンパス内にあり。磐田市の樹木）、ユズリハを候補にしました。その上で、季節感の感じられる落葉樹のうち、枝振りが樹状柱に近く、「学問の木」とされるカイノキを選定しました。樹木の計画と並行して、外部用の家具として樹木下部にサークルベンチが計画されましたが、将来、樹木の成長と共に交流の場となることが期待されます。

Courtyard Trees | In the selection of trees for the courtyard, taking into consideration the branch width and the height from the ground to the bottom branches, candidates for deciduous trees were: Zelkovata, Quercus serrata, and Pistacia chinensis, and Camphor and Daphniphyllum macropodum were chosen as candidates for evergreen trees. Pistacia chinensis was selected among the deciduous trees that reflect the seasons. It is referred to as the "tree of learning" and the shape of its branches resemble the tree-shaped columns.

キャンパス内の樹木プロット図　S=1/2000

（協力：木村 文哉）

entree

中庭　選定樹木候補［落葉］

ハナミズキ　　　　　　　　シロモジ　　　　　　　　　コナラ　　　　　　　　　　イロハモミジ

ミズキ科の落葉小高木。高さ3〜6m。庭木・街路樹として植栽。春に白色または淡桃色の苞をつけ、緑黄色の花を開く。アメリカヤマボウシともいう。大正時代に清水で栽培された苗木がワシントンへ贈られ、その返礼として渡来した日米親善の木。静岡市の木。1.2m5000円。

クスノキ科の落葉低木。幹の高さ5m。暖地の山中に生える。春に淡黄色の花を開く。静岡県絶滅危惧種。2.5m約22000円。

ブナ科の落葉高木。高さ15m。キャンパス内に既存樹木有り。単にナラともいう。温帯の山に自生する。ミズナラに酷似する。春に帯黄褐色の花を開く。果実はどんぐりとなる。樹形が美しい。2.5m22000万円。

カエデ科の落葉高木。高さ15m。キャンパス内に既存樹木有り。温帯に生える。春に花を開く。モミジは一種で、イタヤカエデ、イロハカエデなどもある。楓の葉が掌状に5〜7裂したもの。富士山麓に自生する。富士宮市の木。2.5m20000円。

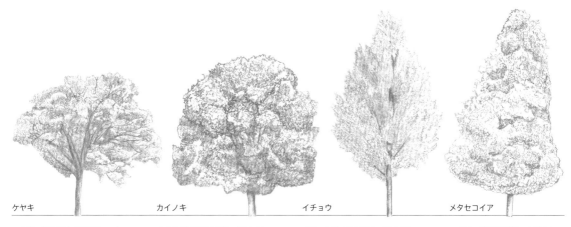

ケヤキ　　　　　　　　　　カイノキ　　　　　　　　　イチョウ　　　　　　　　　メタセコイア

ニレ科の落葉高木。高さ20m。キャンパス内に既存樹木有り。防風林・庭木・街路樹として植栽。春に淡黄緑色の花を開く。樹形が美しい。枝振りが樹状柱に近似。赤、黄の紅葉が美しい。富士山麓に自生する。御殿場市の木。2.5m28000万円。

ウルシ科の落葉高木。高さ25m。成長はやや早い。中国・孔子の墓所に弟子が植えたことから、学問の聖木とされる。枝振りが樹状柱に近似。赤、黄の紅葉が美しい。個体や環境より赤、黄に変化し、同じ木でも年によって異なる色合いになる。土質はあまり選ばない。ピスタチオは同属で近縁品種。1.2m3300円（ポット）。

イチョウ科の落葉高木。高さ30m。キャンパス内に既存樹木有り。街路樹・庭木として植栽。春に黄緑色の花を開く。秋、黄色の種子としてギンナンを結ぶ。列植に向く。紅葉が美しい。北大、東大、青山学院大学の並木。三島市の木。2.5m24000円。

スギ科の落葉針葉樹。高さ30m。育成が早い。公園樹・街路樹として植栽。列植に向く。紅葉が美しい。東京農大に巨木。2.5m約22000円。

中庭　選定樹木候補［常緑］

キンモクセイ　　　　　　　ユズリハ　　　　　　　　　クスノキ　　　　　　　　　シラカシ

モクセイ科の常緑小高木。高さ3m。秋に黄橙色で芳香を放つ花をつける。下水が整備されるまでは芳香剤の代わりにトイレの近くに植える習慣があった。庭木として植栽。静岡県、袋井市、掛川市の木。2.5m22000円。

ユズリハ科の常緑高木。高さ6m。西日本の暖地に生える。春から初夏に緑黄色の花を開く。新葉が生長してから古い葉が譲って落ちる。葉を新年の装飾に用いる。2.5m36000円。

クスノキ科の常緑高木。高さ20m。キャンパス内に既存樹木有り。日本の暖地、海岸に生える。街路樹として植栽。全体に芳香がある。5月頃、黄白色の小花をつける。材を蒸留して樟脳をとり、防虫剤、香料、強心剤に用いる。京大のシンボルツリー。磐田市・富士市の木。2.5m22000円。

ブナ科の常緑高木。高さ20m。日本各地の低地・山地に自生する。防風林として植栽。春に黄緑色の花を開く。果実はどんぐり。材が白いことから命名。日影に強い。2.5m22000円。

(出展：価格は2019年3月時点、税込にて「トヨヤマグリーン」https://green-netbox.com/index.htmlを参照。解説文は「広辞苑」「ブリタニカ国際大百科事典」、静岡県・各市のwebsiteを参照)
（スケッチ：金子 大海）

中庭ランドスケープ計画　えんつりーの前庭としての中庭は、キャンパスモールの延長に続く軸線上の外部空間です。また、東側を既存厚生棟、北側を1層分の高低差を持つ法面、南側を緩やかに円弧を描く新設のキャノピーに囲まれ、開放感と囲われ感を同時に感じることのできる庭です。えんつりーの平面に表れる曲線の根拠ともなったキャンパスモールの4°のズレを活かし、2つの角度の異なる軸線を平行配置し、コンクリート刷毛引き、コンクリート洗い出し舗装、芝貼りの3つの外構仕上げがパッチワークのように展開するデザインが提案されました。6mピッチで2列に列植されたカイノキはまだ幼木ですが、その足もとには木陰に交流空間を生み出す異なるデザインのベンチが計画されました。

Courtyard Plan | The courtyard of "enTree" is the exterior space that lies at the end of the campus mall. This courtyard space is enclosed by the walls of existing buildings, a slope, and an arc-shaped canopy, giving a sense of both openness and enclosure. The courtyard has a patchwork-like composition configured from lines that extend from the campus mall, with varying finishes of brushed concrete paving, exposed aggregate paving, and lawn. To encourage exchange among the students, benches will be installed under the trees.

外構仕上げ凡例　A: コンクリート刷毛引き 厚30mm＋カッター目地　　B: コンクリート洗い出し舗装 厚30mm

2種類のコンクリート仕上げと芝貼りによるパッチワーク状の中庭計画

環境・設備 01　環境計画
温暖・高日照・強風の地域特性を生かす
Environmental Planning | Optimization of Regional Characteristics of Heat, Sunlight, and Wind

地域の環境特性　静岡県の気温は、年平均15〜16℃と温暖で、真冬でも氷点下を下回ることはほとんどありません。日照時間でみると、全国で1位 浜松、2位 静岡、3位 御前崎（H23年度）となっており、高日照の地域が多くなっています。一方、西から「遠州のからっ風」と呼ばれる季節風が吹きます。こうした地域の環境特性を最大限活かして、断熱性が十分で、採光効率が高く、自然換気が促進され、照明や空調のエネルギー消費量を抑える計画・設計が求められました。

Regional Environmental Characteristics | The climate in Shizuoka is characterized by long hours of warm sunshine and strong monsoon winds from the west. The planning and design were expected to harness these environmental characteristics to reduce energy consumption for lighting and air conditioning through efficient use of natural lighting and ventilation.

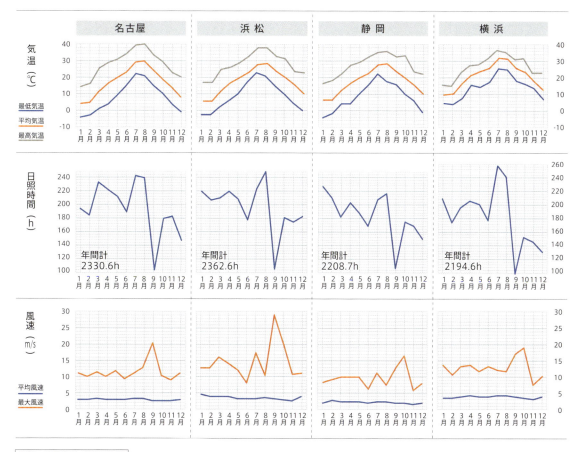

気温・日照時間・風速の比較

（参照：気象庁ホームページ／各種データ・資料／各地の気温・降水量・風など／2018年の月ごとの平均気温、最高気温、平均風速等をもとに作成）
（作図：安田 稜太）

換気計画と風配図　立面のデザインにおいて重要な部位である開口部ですが、同時に採光・換気計画においても、その大きさ、方位、開閉方式は重要な要素となります。換気については、自然換気を促進させるため、まず地域の風配図について確認します。計画地は静岡県西部寄りに位置することから浜松の風配図を見ると、西風(正確には西北西からの風)が強く、一部北東からの風が吹き、通年では東西方向から風が吹く傾向であることが分かります。一方、同じ東海地方の名古屋の場合、夏期には小笠原高気圧による南からの風、冬期にはシベリア寒団による北からの風という、南北方向の風配図となります。

Ventilation Plan and Wind Distribution Pattern | Glazing, a key design element in the building's façade, also has an important effect on the daylighting and ventilation plans in terms of size, orientation, and operation system. The wind distribution patterns measured around the site indicate strong westerly winds, which is completely different from the wind distribution patterns in Nagoya in the same Tokai region, which indicate a north-south direction.

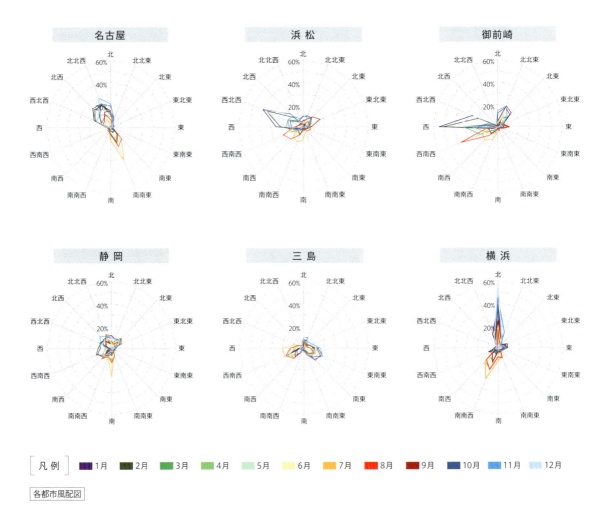

各都市風配図

(参照:気象庁ホームページ/各種データ・資料/各地の気温・降水量・風など/2018年の月ごとの風向別観測階数をもとに作成)
(作図:安田 稜太)

環境・設備 02　採光・換気計画
活動・システムと空間の連動
Daylighting and Ventilation Planning | Spatial Linkage to Activities and Building Systems

縦型スリット窓による自然換気　外部からの風を内部に取り込み、また外部に流していく自然換気は、新鮮空気を室内に取り込むだけで無く、適度な気流であれば、居住者の快適感を増す効果もあります。一方、建築学科特有の要件として壁に検討中のスケッチやイメージ、シンポジウムのポスター、優秀者の図面など、多くの掲示物のための壁面が求められました。
　そこで、えんつりーでは縦型スリット窓を北、東、南の壁面に連続的に設けて、居住者の身体感覚に合わせて、スリットの上下を手動で開閉できるようにすることで通風を促し、同時に手の届く範囲に多くの壁面を確保できる計画となっています。

Natural Ventilation with Vertical Slit Windows | Natural ventilation, which directs the flow of air in and out of the building, has the effect of increasing fresh air intake and enhancing the level of comfort for the user. In "enTree", a continuous arrangement of vertical slit windows was installed on the north, east, and south walls, with manually operable upper and lower ventilation slits.

4階 意匠・計画系ラボより南を見る

閉鎖時

ハニカムスクリーン

網戸

2WAY網戸の開閉操作　レバーハンドルにより手動操作して、下部（腰高）と上部（天井付近）の横軸回転窓が同時に開閉する機構。開放時は下部から吸気し、対面する窓の上部から排気します。夏期は網戸による防虫、冬期はハニカムスクリーンによる断熱性の向上といったように、季節に応じた機能を持ちます。

Aperture Operation | By rotating a lever handle, the lower and upper horizontal pivot windows can be simultaneously opened or shut. When opened, air is supplied from the lower apertures and is exhausted from the upper apertures of the facing windows. The windows function according to the season, with screens for keeping out insects and debris, and honeycomb screens for heat insulation.

北面を見る

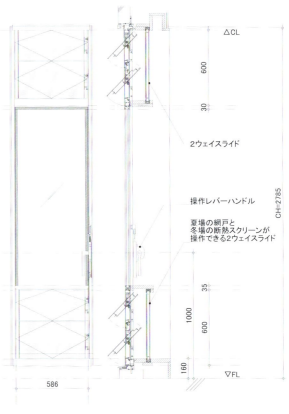
横軸回転自然換気窓（ブレス）詳細図　S=1/30

トップライトによる採光計画　敷地の制約もあり、えんつりーは一般的な学校建築に比べてフトコロ（奥行き）が深い（約26m）平面構成（P.116～118）となるため、平面中央付近の室で日中の照度不足が懸念されました。そこで、昼間に人工照明を点灯することを避けるため、設計初期よりトップライトの設置を検討しました。約6m角のトップライトを設けるとともに、その下部に3階と4階を結ぶ階段を設け、さらに、3階の階段下に開口を設けて、2階へも光が落ちるようにして、明るい中廊下となりました。また、4階トイレでは、トップライトからの光を得るために、天井を有孔板で仕上げ、人工照明無しでも十分な明るさを確保しています。

Daylighting Plan with Skylights | Since the plan configuration of "enTree" is long in depth, there was the fear that the central spaces would be dark during daytime hours. Skylights were planned to avoid the use of artificial lighting during the daytime. The stairs are located beneath the skylights, and the light spills down from the openings under the treads into the corridor on the second floor.

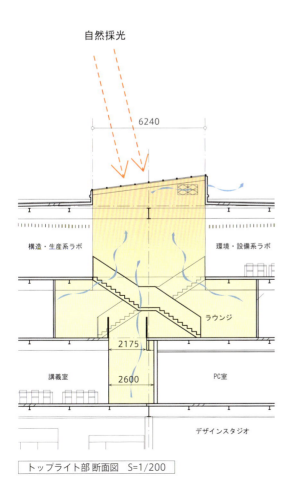

トップライト部 断面図　S=1/200

4階 トイレ　47lx, 5216K

3階 内部階段　25200lx,5833K / 4800lx,5795K / 4800lx,6433K / 1620lx,6819K

2階より上部階段を見上げる　3740lx,6217K

2階 廊下　470lx,6272K

（照度測定日：2019年3月13日13:00晴れ）

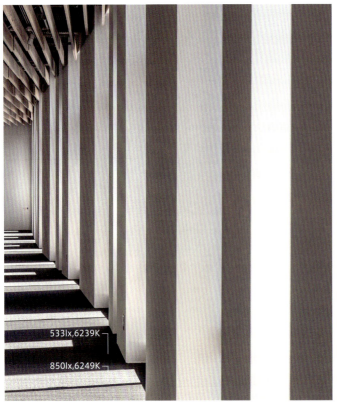

4階 意匠・計画系ラボ　　　　　　　　　　（照度測定日：2019年3月13日）

連続縦長窓　室内の机上面での作業にとって、外壁付近と中央付近で偏りができるだけ少なくなるような採光が得られる必要があります。連続縦長窓は、床から天井までフルハイトでスリットが切られているため、室内がより明るく感じられ、また開放的な空間となります。

Continuous Vertical Windows | For an optimal desk work environment, the distribution of natural lighting should be even throughout the room, with as little unevenness as possible. The continuous arrangement of floor-to-ceiling slit windows produces brightness and a more spacious ambience on the interior.

4階 環境・設備系ラボから北を見る　　　　（照度測定日：2019年3月13日）

トップライト　南北の研究室4階の中央付近に設けられたトップライトからの光が入れ子のトイレの壁面を照らし、明るい雰囲気を演出します。下部には3階へ向かうX型の内部階段が設けられ、頻度の高い上下移動の負担感を軽減します。

Skylights | The light from the skylights near the center of the 4th floor illuminate the inner walls of the nesting boxes, such as the toilet unit, and the reflected light creates a bright interior. The reflected light also illuminates the lower part of the interior criss-cross stairs and reduces the fatigue of trips up and down the stairs.

enTree

環境・設備 03　照明計画
発光タイプ・方式・色温度による多様な「あかり」
Lighting Design | Variation of Color Temperatures and Emission-Type Lighting and Methods

照明環境　人にとって建築環境は五感で感じるものです。その中でも視覚が情報源の大半と言われています。ものを眼に見せているのはあかりです。陽の光と人工のあかり、両方ともあかりです。えんつりーの照明環境は、

A. 発光タイプ　　B. 照明方式　　C. 色温度　　D. 照度

の4つの要素に分類されます。永らく人工照明の光源（ランプ）は蛍光灯、白熱灯、放電灯が主流でした。しかし、2010年頃からLEDを光源した照明器具が普及し始め、今日では照明器具のほとんどはLEDになっており、えんつりーも全てLEDです。とはいえ、A～Dは光源が進歩しても照明デザインを考えるときに変わらない要素なのです（澤田）。

Lighting Environment | The lighting plan for "enTree" is comprised of four elements: light-emitting type fixtures, lighting method, color temperature, and illuminance. Recently, the majority of lamps for lighting fixtures are LEDs, however, regardless of the progress in lamp type, these four elements of lighting environments do not change.

上：3階 廊下の点のあかり
下左：2階 廊下の点のあかり
下右：2階 廊下の点のあかり

（照度測定日：2019年2月26日）

A. 発光タイプ 発光タイプは、「点」「線」「面」のあかりに分かれます。これによって生じる違いとして、あかりそのものの見え方だけでなく、照らされたところの影のでき方に着目してください。「点」のあかりははっきりとした影を生み、ほどよい明るさの中では落ち着く空間になっているはずです。「線」や「面」をたくさん置けば影はほとんど生れず、手元が見やすく、人の顔もはっきり見えるので作業や会議に適した活発さを求める空間に向いているはずです(澤田)。

A. Lighting-Emitting Type Fixtures | Light-emitting type fixtures can be divided into three main directions: "point", "line", and "surface". Not only the lighting itself, but also the appearance of the shadows are different. The light from a "point" fixture produces a clear shadow and produces a calm ambience of moderate brightness. In a space with many "line" and "surface" fixtures, there are few shadows, which is optimal for task lighting, and people's faces are clearly visible.

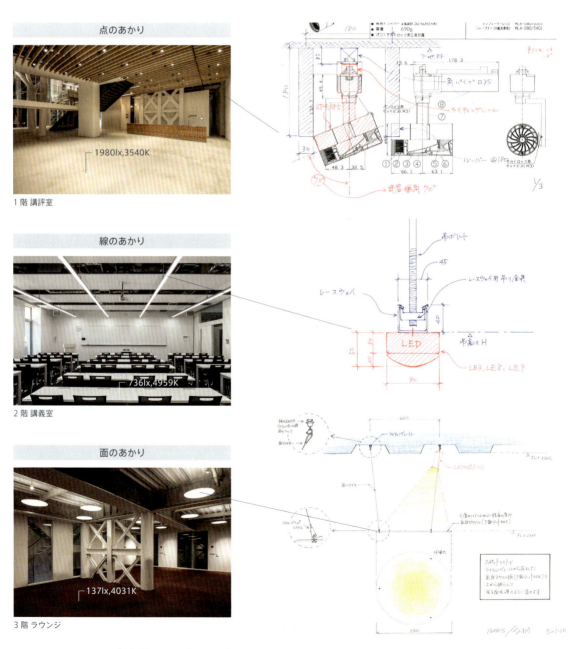

点のあかり
1980lx, 3540K
1階 講評室

線のあかり
736lx, 4959K
2階 講義室

面のあかり
137lx, 4031K
3階 ラウンジ

(照度測定日:2019年2月26日)

(スケッチ:澤田 隆一／SLDA)

B. 照明方式 照明方式は、「全般方式」「間接方式」「可動方式」の3つです。「全般照明」は床や机の上を均一に天井から照らす方式です。教室や会議室など机を一杯並べたところを明るく照らすのに適しています。

「間接照明」は天井などを照らして空間全体を明るく見せる方式です。手元の明るさよりも空間の見た目の明るさを重視する場合に適しています。「間接方式」は広義の意味で「面のあかり」と言うこともできます。

以上の方式は照明器具が一定の場所に固定されていますが、「可動照明」は電気を流す専用の器具であるライティングレールにスポットライトを取り付けることで室内の家具レイアウトなどが変わった時や、壁を照らしたい時にスポットライトを動かすことができます。展示物が定期的に入れ替わる美術館や博物館でおなじみの方式です（澤田）。

B. Lighting Methods | There are three lighting methods: "uniform lighting", "indirect lighting", and "adjustable lighting". "Uniform lighting" is a method of illuminating the floor and desk tops uniformly from the ceiling; "indirect lighting" is a method that illuminates ceiling or vertical surfaces to makes the entire space appear bright; and "adjustable lighting" is a method of attaching movable spotlights to a lighting rail.

全般方式

上：1階 デザインスタジオ1　下：1階 講評室

可動方式

4階 意匠・計画系ラボ

間接方式

上：4階 トイレ　下：1階 エントランスホール

（照度測定日：2019年2月26日）

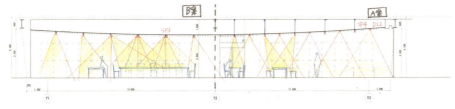

4階研究室（ラボ）の照明計画（可動方式）

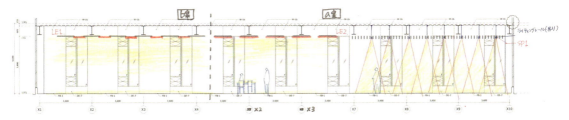

1階デザインスタジオの照明計画（全般方式）

（スケッチ：澤田 隆一／SLDA）

C. 色温度　色温度とは照明器具から出る「光の色味」です。単位は黒体放射を表すK（ケルビン）です。えんつりーでは2700K、3000K、4000K、5000Kの4種類と、一部に2700〜5000Kを無段階に調節できるスポットライトが設置されています。2700Kは夕日に近い色味で数字があがるとだんだん白くなり、5000Kは真昼の太陽に近くなります。夕日のような赤っぽい光色はリラックスしやすく、昼間のような白い光色は活動的になりやすいと言われています。通常、色温度はたくさんの種類を使うと、移動とともに視環境が目まぐるしく変わり、ちぐはぐな印象になりかねません。空間の用途に合わせて2種類程度にする方が好ましいのですが、えんつりーでは意図的にたくさんの色温度を用い、印象の違いを体験できるようにしています（澤田）。

C. Color Temperature | Color temperature is the "color of light" emitted from lighting fixtures. Generally, for optimal color temperature, there should be about two types of color temperatures depending on the function of the space. For "enTree", however, in order for students to experience diverse color temperatures, four types, between 2700 K and 5000 K, were installed along with spotlights that can be adjusted between 2700 K and 5000 K.

（スケッチ：澤田 隆一／SLDA）

D. 照度 照度は明るさのことです。それは、照明器具を見つめたときの輝きの明るさではなく、ある一点に集まってくる光の量のことです。lx(ルクス, lux)という単位であらわされます。照度はJISの中で、選択の幅を持たせた基準値が定められています。これらは快適な視作業や安全を確保する目的で、施設用途とそのなかの主な部屋用途ごとに決められています。えんつりーでも概ねその基準に沿っていますが、その通りにはなっていません。なぜなら前述の通り、照度とはそこに来ている光の量なので、黒い部屋と白い部屋では同じ照度でも感じる明るさが違うからです。内装の色味や反射率と空間構成を考慮して計算し、基準より高めにしたり低めにして調節を施して設計しています(澤田)。

D. Illuminance | Illuminance (lx) is the brightness, that is, the amount of light that collects at one point. The standard value of illuminance is defined in the Japan Industrial Standard (JIS). The illuminance of "enTree" was generally designed in accordance with the JIS standard, but certain rooms were not. The illuminance was calculated taking into consideration the color and reflectivity of the interior, and is adjusted to be higher or lower than the standard.

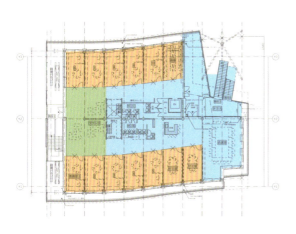

3階 照度分布図

4階 照度分布図

1階 照度分布図

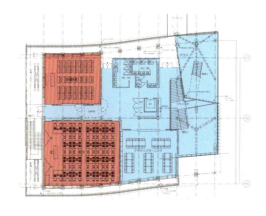

2階 色温度分布図

凡例
- 300lx(机上面 H=0.7m)
- 50-100lx(床面)
- 500lx(机上面 H=0.7m)
- 200lx(机上面 H=0.7m)

(スケッチ:澤田 隆一/SLDA)

構造・材料 01　構造計画

地域防災の拠点となる安全性
Structural Design | Regional Disaster Prevention

静岡県地震地域係数（Zs）　「地震地域係数（Z）」は、地震に対する建築物の安全性を確認する際に行う構造計算に用いる数値で、建築基準法において、過去の地震記録などを基に地域ごとに数値（0.7～1.0）が定められています（静岡県では1.0）。しかしながら、静岡県では、地震対策として、昭和59年から建築基準法による耐震強度の1.2倍を求める基準「静岡県地震地域係数（Zs）」を定め、建築物の地震性向上を促していました。平成29年10月1日からは、想定される南海トラフ巨大地震に対して新築建築物の地震に対する安全性を確保するために、静岡県地震地域係数（Zs）を義務化することとしました。建築基準法で想定する1.2倍程度の大きさの地震動を想定して設計することにより、地震時の建築物の倒壊を防止するほか、被害軽減効果（人命・財産の保護、円滑な避難・救助、企業などの事業継続、速やかな復興）が期待されます。えんつりーでは、公共性の高い校舎として、地域係数に1.25倍の安全率を乗じ、1.5倍の余裕度を有する設計としました。このことで、えんつりーは学生の安全確保や災害時の拠点としての役割を果たすことができます（崔、丸田）。

The seismic zone factor (Z) has a value between 0.7 to 1.0 according to the Japanese Building Standards, however, Shizuoka Prefecture has a higher seismic zone factor (Zs) for improving the seismic performance of building structures, which is 1.2 times Z. Since this building is a public facility, we applied a higher safety margin of 1.5.

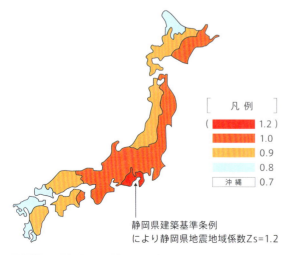

静岡県地震地域係数（Zs）の分布図　（出典：https://machipo.jp/bousai/column/26481）

構造設計者、意匠設計者、施工者との打ち合わせ風景

構造・材料 02 構造計画
力の流れを視覚化する架構
Structural Design | Structural Frame Expressing Direction of Force

大きな空間を支える樹状柱・耐震性向上のためのブレース　えんつりーの特徴の一つは、大きな吹き抜け空間を実現させるため、樹状柱を2ヵ所に設置したことです。この大きな空間を支える樹状柱を実現するために、構造的に様々な工夫が必要となります。また、耐震性を向上させるために、鉄骨ブレースを各階に多く設置しました。樹状柱やブレースを意図的に露出し、力の流れとして視覚化することで、建物の構成や構造について理解を深めるよう工夫しました。

This building has two tree-shaped columns and several steel braces to create large eave spaces and improve seismic performance. These structural members are intentionally exposed for the students to understand the structural force flow.

1階 エントランスホールの樹状柱

樹状柱のディテール　樹状柱を実現させるため、3Dプリンタを用いて模型を作成し、形状を検討しました。また、構造的な観点から、枝分かれ部をパイプ接合から鋳物（鋳鋼）に変更しました（P.152）。

To produce the complex tree-shaped columns, a number of devices were employed, such as model fabrication using a 3D printer to create mock-ups of the joint details.

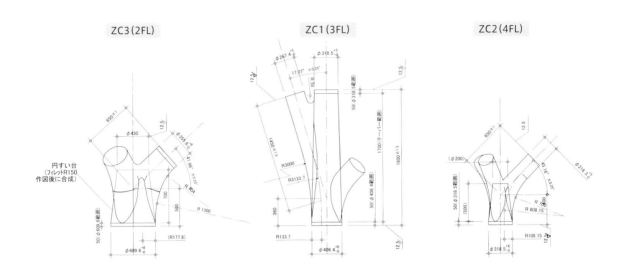

樹状柱の接合部　鋳物詳細図　S=1/50

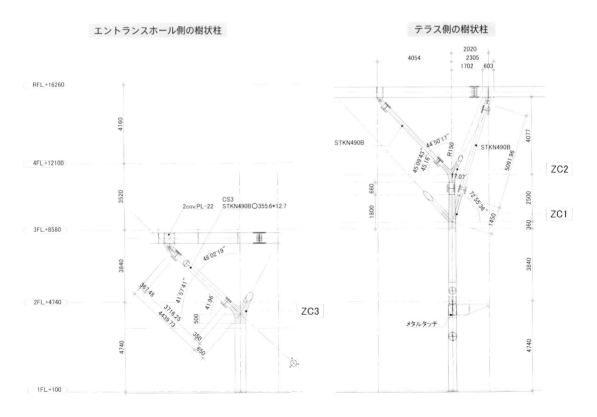

樹状柱の接合部　柱断面詳細図　S=1/200

樹状柱製作フロー

1 3Dプリンタによる縮小模型作成
2 発泡スチロールによる原寸モデル確認
3 鋳物製の枝別れ部の製作
現場に搬入し、枝部のパイプと接合

外部（北東角）に設置された樹状柱

1階に設置された平鋼による鉄骨ブレース

2階に設置された溝形鋼による鉄骨ブレース

えんつりーを「撮る」 Photographing "enTree"

淺川 敏（えんつりー竣工写真撮影）×**田井 幹夫**［聞き手：脇坂 圭一］

Satoshi Asakawa × Mikio Tai × Keiichi Wakisaka

—— 1年生後期「建築セミナー」において、田井准教授は受講学生に対して、「えんつりーを撮る」をテーマに学生の撮影した写真をもとにして講義を進めました。本コラムでは、えんつりーの竣工写真撮影者である淺川敏氏との対談を通して、写真家の思想に迫ります。

脇坂 圭一 淺川さんは煽ったり、部分に迫ったり、水平・垂直にこだわらず、特徴的な写真も多い。建築写真を撮る時のポリシーを教えて頂けますか。

淺川 敏 一旦、建築ということを外して、写真を撮ることに関して言うと、大きくいうと、写真を撮ってる色々な写真家の方がいる中で、真ん中が大事な人と、四隅が大事な人がいると思うんです。もちろん、中間もあるでしょうが、真ん中が好きなタイプっていうと、例えば篠山紀信さん。このモノだよねというのをバッと撮って、すごく迫力があって、それこそ周辺でなく、そのモノを捉えて撮るっていうのが1番大事なタイプの人。僕なんかは、四隅が大事で、最終的にどう切ってくるというのが大事なんですよ。全体を作画として成りたたせる、どう切り取るかをすごい意識している気がして、ここが綺麗だよねということより、いいものをどう切り取るのかということを気にしています。では、建築を撮るということになってくると、まず、好きにならないと撮れないということがあって、色んな建築がある中で、見てすぐにもの凄く撮りたいってなるものもあれば、そこまでではないっていうのもあるわけです。その建築を好きになること、そう自分を持って行くことが大切で、好きになるように持っていくということがなんなのかというと、良いところをより発見すれば好きになってくる。ということは、それだけ観察しないと好きになれないわけですから、モノをよく見るということだと思います。好きになる努力もせずに、体が先に動いちゃうくらい撮っちゃう時もあるし、でもよく見て好きになっていくみたいなこともある。先ほどの四隅を大切にするということに関していうと、好きになって撮るのだけども、最終的に自分の中で写真として成立しないものはなるべく撮らないようにしています。伝えたい要素をただ数多く一枚の写真に無理矢理詰め込んでしまっただけのような写真はあまり撮りたくないです。もちろん何かの目的の為にそういうものが必要ならば撮りますが。それと、建築と写真の大きく違う所は、建築は頼まれたら、1つしか作れないから、とことん話し合って、とことん解答を見つけないと、どっかに不幸が生じる。写真はそういった意味では、非常に無責任なもので、A案もB案も両方はとりあえずは撮れる。その違いは大きいですよね。

田井 幹夫 淺川さんは撮る以外にも、展覧会などで、空間を作ることも好きじゃないですか。写真を撮ることと、写真を使って空間を表現することの共通点はありますか？

淺川 ひとつの世界とか宇宙とかが作りたくて、写真でも展示でもそれはあります。展示にもそういった意識が高いのは建築家やデザイナーばかりの中で育ってきたからかもしれませんね。

田井 1つの写真が作品であるという話って、すごく大事。僕らは建築をする上でスケッチをしろとよく言われる。僕も学生の頃にスケッチしろと言われていた

（撮影：榊原 胡波／当時学部1年）

（撮影：田中 葵／当時学部1年）

けど、旅行するとスケッチを描く時間が無いとか、移動が多かったりとか、そうすると写真を撮る。僕らの時代はポジフィルムで撮っていたので、値段が高いから一枚一枚すごい集中して撮る。撮ること自体がほとんどスケッチをするのと一緒。ファインダーの中で四隅を決めて撮るという癖が付いている。スケッチをするほどではないかもしれないけれど、ものすごい空間体験をしている。学生の時は無意識だったのでしょうが、自分が建築家になってレクチャーするときに、学生の時の写真を使うと、例えば五十嵐太郎さんに1番最初に展覧会をしたときに写真を見せたら、それなりの評価をしてくださって、やっぱりそこには作っているものと撮ってきたものというか、無意識ですが、感じました。スケッチも大事だけど写真もすごい大事。スケッチしろとは言うのだけど、写真も同じくらい撮らせないといけない。一枚で全部を語れるというのは撮ったアングルではなくて、その撮り方とか、色の見せ方とかそういうことの中で全て表現される、ということまでをやっぱり意識して撮らないといけない。今の学生って、スマホで撮ってるからそういうものじゃないんですよね。

淺川 昔はわざわざカメラを持ってないと撮れなかったけれど、今は電話機と一緒のカメラは持ってて当たりまえ。昔、講師をしていた時に、駅から学校までとか、家から駅までの間とかに、お題は違えども、それぞれの気に入ったものっていうのを撮らせていて、その時は撮ってこいって言った瞬間にカメラを持たなきゃいけなくなる。カメラ持って歩いている時ってモノを見ようとして歩くから、日常の見え方が変わってくる。

田井 確かにそうですよね。カメラ女子って今いるじゃないですか、一眼レフぶらさげて、あれもやっぱり撮る意識はあるってことですよね。ファッションでぶら下げているわけではなくて、意識的にはスマホとは違いますよね。

淺川 スマホでも撮ろうという意識があれば立派な写真行為でそこにスイッチが入るかの問題ですかね。

田井 建築の教育を受けると、空間を意識できる、3次元空間を認識できるようになる、身近な建物が批評の対象になるとか、色々な言い方があります。カメラを持っているということとほぼ同じかもしれません。自分が意識的にその世界を見ているかどうかっていうことで、建築の教育を受けた人はそうなっていないといけない、そうなるんじゃないかっていうのを僕は言いたい。つまり、カメラを持てっていうこととほぼ同じことを言っている。

脇坂 写真として成立しないものは撮らないということ？

淺川 とりあえず撮るのではなくて、自分の中で納得するまで、できるまで待ってからシャッターを押すっていう風にしています。

脇坂 私が北海道出身というのもあって、冬、雪原に落ちる光が表面でキラキラとしたり、瞬間によって表情が変わったり、夜、すごく暗いけど、ちょっとした月の光でも明るく感じる。五感という話がありましたが、歩いていてキュッキュッと音がして、意識が研ぎ澄まされている中でのシーンは強烈に印象としてある。必ずしも写真を撮っていないのですが、意識として空間を批評の対象として見ることもあるのかなと。

淺川 光の話でいうと、都市を撮るのが好きなんです。

脇坂 建築物としてではなく、都市として、ランドス

（撮影：鈴木 海都／当時学部1年）

えんつりーを　1 構想する　／　2 デザインする　／　3 評価する　／　4 建て

（撮影：杉山 侑生／当時学部1年）

ケープとして。

淺川　そうです。都市を撮っているとき晴れた日、嫌いなんですよ。できれば曇った日の写真を撮りたくて、晴れると嫌なことが2つあって、1つは光が芸をしちゃう。光による何かになってしまう。昔はそういうのがすごい好きだったんですけど、最近はそれを無くしたくて。それと、晴れると情報量の差が出てくるから、フラットな状態で伝えたい。もちろん曇ったときのグラデーションが好きということもあるのだけれど。日が射した瞬間、これはどの季節の何時くらいっていうことが情報として入ってくる。そうすると、ある意味特定な時間を切り取ることになって、写真って、空間を切り取るし、時間も切り取るし。時間を切り取るのは写真の重要な役割の1つなんだけども、僕はそれを消したい（笑）。ただ、光がなす技はすごい面白いものでもあって、建築を撮る時も曇天の時もの凄い好きなんだけど、晴れてて光と建築が芸をしているのもとても大切だと思います。

田井　光が芸をしちゃうということを消すことによって時間のスパンを長くしていくというかことかな。建築って、永遠に残ってもいいようなものだから、太陽の光だったりの状況がバシッと決まってしまうと、その一瞬しか切り取らない、建築の時間に寄り添っていこうとすると、曇りの方が良いっていうことになってくるんですかね。

淺川　建築個々の良さって言えば、それも全然あり。ただ、都市って建築物以外も含めて、建築物の集合体。その中で差が出るのが嫌。光が当たると、影が多いところと少ないところができる。そうすると、それぞれの存在が均一でなくなってくる。

田井　そのモノみたいなものにいく前に、光がまず選んでしまっているっていうこと？

淺川　そうなんです。だから、建築を撮って、ステンレスのものを使っていて、それがキラッときたら、それはキラッとさせたい面もあるから別に問題ないのだけども、色々な情報がある街の中だと、それがすごい邪魔をする気がする。

田井　それは、白黒写真を好むという話とは違うんですか？

淺川　少し近いかもしれないですね。なるべく変化が少ないというか。

田井　白黒写真、モノクロは光のコントラストが出やすいですよね。光がすごい当たっているとすごいコントラストが出るから、ただ、色味が消えることで物の本質には近づいていくのかもしれないですよね。

淺川　なおかつ、光が均一だともっと近づいていけますよね。

脇坂　授業でモノクロをやるのも良いですね。光に対して、そういった言われ方をするのは、光が強烈なアジアを結構撮られているので、光の影響を消すには曇りの方がいいということなんですか？

淺川　いや、そういうところに行っている時にはそういうところの写真を撮っていて、全然嫌でもないんですが、僕のモノクロームで撮り続けている作品の中ではの話になってきますね。建築を撮っているときはフラットでなくてはということは無いですよ。

脇坂　ツルピカな建物が多い中で、ランドスケープとして都市を撮ろうとした時、素材感は写真に影響を及ぼすと思いますが、光とか影より、素材感の方が強烈になるのでしょうか。東京だからかもしれないですが。

淺川　素材感という話でいうと、都市はちょこざいなテクスチャーなどは全部飲み込んでしまっているので、建築写真に話を戻すと、空間とモノというふたつのことを常に意識しています。

そして何となくここだと撮る位置が決まってから細か

いカメラ位置を決めるんですが、その場所からほんの10cm高くなったり低くなったり、前後左右ちょっとの移動、これで写真の出来は大きく変わります。そこに写っている家具や柱や壁の見え方の重なりのよい関係性を見つけます。どれだけのモノとモノの関係があるのか自分の中でどれだけチェックする項目を見つけられるかは大切です。ときにボーッとしているといくつか見落としがあって、後で写真見返して、反省することもあります。最後の詰めはかなり意識しますね。

脇坂 前なのか後ろなのか左右なのか、よしっていうジャッジはどうされるんですか？

淺川 自分で作り出して、自分の中で判断するしかないんですけど、建築だと、モノとモノとの関係だから2つ柱があって、もう1つあって、ここの距離感でここことここの見え方も、前に出るともっとこう見えてきたりとかある。天井がここにあって、こっちにも何かがあって、それの高さによって変わる。それのどの位置が1番美しいかとか、それの何を1番見せたいのかとか、これはあった方がいいとか無い方がいいとか、縦にも横にもある。ヘラヘラしているようで、実は理屈で、何が大切かなっていうのを最後には結構考えています。なるべく綺麗にしたいなと思ったり。

脇坂 淺川さんは順列とおっしゃいましたけども、モノのコンポジションを芯として持っていらっしゃって、それで初めてファインダーを見た時にその判断が効くのでしょうか？

淺川 ファインダーというか、立ち位置を決めるという

（撮影：鬼頭 拓巳／当時学部1年）

のが最後。なんとなくは決まっていますが、モノの重なり方が結構気になっちゃう。一番よい重なり方をね。

田井 全てのカメラマンによってベストなポジションは違う。センスだったり、癖だったり。それ以前のモノとモノとの関係性、素材とか、空間にあるあらゆる要素をグッと入れる、撮る前に感じ取るというか、それを我々設計者が作る。設計者は意識が全部に及んでいないといけない。それを、写真を撮る側というのは一手に引き受け、そこに優劣、順位をつけて、ファインダーに収めていくということ。拾うことと与えることというか、それのコミュニケーションみたいな感じというか。撮ることが大事っていうのは、作り手側になった時に、どこまで色々なことに気を回せるかっていうことを教えるっていうこと。だから、ちゃんと撮れとかちゃんとスケッチしろとかっていうことじゃないかな。

淺川 撮るっていうのは見るっていうこと。見るって言うのは考えることだよね。

田井 そこら辺をはしょって、撮るとか、描くとかスケッチするっていうことを、自分の見方をちゃんと習得しろとか、我々もアバウトに言っちゃったりする。意識的に取り組まないと、ただ惰性でやっちゃう。僕も無意識で撮っているうちに、建築雑誌を見ているうちに、写真の撮り方みたいなものを真似していたのかもしれない。四隅のフレーミングをすることと、対象物がハッキリしていて、モノに対しての視線、例えば淺川さんの写真には人やモノにフォーカスして、それらがもの凄く生き生きしていて感動することが多いんですけど、それは違う意識なんですか？

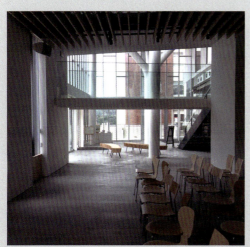

（撮影：原田 留主／当時学部1年）

（撮影：松崎 彩里／当時学部1年）

淺川　最初にどの視線を投げかけるかっていうのは、空間的写真でも、ものによったディティール的な写真でも同じようにこれっていう、ここがいいっていうのは均等に愛を捧げているつもりなんですけど（笑）。モノによったディティール的な写真撮ってる時、スナップ的にシャカシャカってお気軽に撮ってるみたいに見えても、空間撮っている時以上に四隅はすごい気にして、むしろそっちの方が美しい作画にするのは大変で気を使います。

田井　分かった気がします。モノを撮ろうとした時にどうこれを空間の中に入れるかっていうのがないと、よく見えないっていうことですもんね。

淺川　ここが感動したのは、こっちのおかげっていうこともあります。さっき言った、真ん中が大事な人っていうのは、ここが大事だから、感動した！っていう写真。それはそれで迫力があるわけなんですけど、僕はどう切り取るかでこれがどう見えるかっていうことをすごく気にしちゃいますね。

田井　空間で抑えているってことですよね。

淺川　すごく狭いけれども、それも空間なんですよ。

田井　モノを撮る時に周囲はぼかしていましたっけ？

淺川　ぼかさない方が多いけれど、ぼかす時も多少はありますね。比較的ぼかす時は少ないですけどね。それと、人を入れる時があるじゃないですか、その時に先に画を作っておいて、いたらいてください的な感じの時もあるけれど、建築がどうでもよくなってしまって、この表情があればいいやって思う時もあって、幼稚園とか保育園とかの時は、給食食べてる子供をぐわっと撮ると、それでここの雰囲気あるじゃないっていうのがありますね。

脇坂　表情が代弁していて、幸せな風景。使う人が喜んでいるという。

淺川　そういえば建築も写ってるねっていうのでもいいよなっていう時もありますね。

田井　建築専門誌とかでわざと人入れてギクシャクしたものよりよっぽどいいよね（笑）。えんつりーって撮りやすかったですか？撮りにくかったですか？建物的には歪んでる。そういうのって基本的には抑えにくいみたいなのはありますか？

淺川　それはないですね。10人の写真屋さんが来て、ここは絶対撮るよねっていうところが一枚はあって、芯が通ってて、例えば国会議事堂みたいな、絶対ここだよねっていうのはえんつりーはない気がしますよね。10人いたら10人結構違う気がしますね。

田井　中心がない建築ではありますよね。

淺川　10人がみんなそれぞれの見方ができるえんつりーを学生に撮らせる。写真を撮ろうとしてシャッターを切る行為、電話機のボタンを押したら写真が撮れちゃった行為。このふたつは全く違うことで、たまたまではなくカッコ付けの写真を撮るっていう行為を田井さんは授業で言いたかったわけだよね。

田井　「写真」をちゃんと撮る方がすごい難しいのかもしれなくて、つまり、一瞬で自分の興味関心対象みたいなものを1つのフレームの中で表さなくちゃいけない。スケッチの場合はピックアップして線を選ぶことが出来るから、そこには色とかがないから、素材感というのは出しにく。写真は結構難しいと思う。最終的にはそこまでできるようにならないと設計者になれないんじゃないかと思います。［於 ZOOM］

えんつりーを 評価する

企画・計画・設計・運用段階｜コミッショニング［性能検証］

Evaluating "enTree" | Planning, Design, and Operational Phase | Commissioning (Performance Verification)

性能評価システムにおけるランクはどの程度か。竣工後の建物において、シミュレーションで確認したとおりに目標性能が達成されているか。コミッショニングとして実測による検証、確認を行っていきました。

To determine the building's performance ranking and whether it met the targets verified through simulations after its completion, a Building Commissioning Process (Cx) was used to confirm building performance through various measurements.

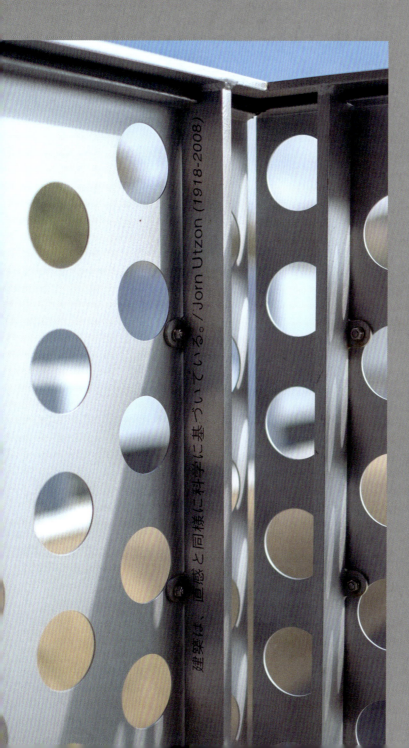

建築は、直感と同様に科学に基づいている。／Jørn Utzon (1918-2008)

FM 01
コミッショニングによる段階と検証
Commissioning Phases and Verification

建築プロジェクトは個々に最適解が異なることから「一品生産的」となり、各段階で異なる職能（ステークホルダー）が参画して「組織が分節的・時限的」になる特徴があります。そのため、初期段階で定めた目標が不明確になりがちで、参画者間の目標の確認と各段階で生じる意見の調整、伝達が重要となります。プロジェクト管理手法として導入されたコミッショニングにおける、各段階の検証項目（概要）を示します。

なお、ライフサイクルコスト（LCC）の観点で見た場合、設計費と施工費を合わせた建設費（約30%）の2倍以上が竣工後の維持費、光熱水費、改修費にかかります。したがって、企画段階における目標設定が極めて重要であることがわかります。

Architectural projects are unique in that they are generally designed as one-of-a-kind structures, their production operations are segmented, and there are time restrictions in the construction schedule. In order to achieve the goals set in the planning stage, work items were verified through a building commissioning process (Cx) at each stage of construction. From the perspective of Life Cycle Cost (LCC), the cost of operations, repairs, and maintenance after completion of a building is typically more than six times the construction cost, therefore, it was important to establish goals at the planning stage.

① 企画段階
- ■ コミッショニング・マネジメントチーム（CMT）｜発注者・利用者との連携体制を構築。
- ■ 発注者｜OPRと概算要求事項をもとに設計者を選定。
  発注者｜実施設計の発注。
- ■ CMT・発注者｜利用者へのヒアリングを実施。
- ■ CMT｜省エネルギー性能や建築空間に対する目標を文書化した「Owner's Project Requirements（OPR）」を発行。
- ■ CMT（又は設計者）｜基本計画（設計）を開始。

② 設計段階
- ■ CMT｜性能検証計画書を発行。
- ■ CMT｜実施設計を随時検証し、アドバイス。
- ■ CMT｜OPRの内容によっては設計段階の消費エネルギーシミュレーションを実施。
- ■ 設計者｜設計根拠を整理し、基本設計を完了。
- ■ 設計者｜実施設計図とともに、外皮性能等の検証用資料を作成。
- ■ 設計者｜OPRをもとにした設計趣旨文書を作成。
- ■ 発注者｜施工の発注。

③ 施工段階
- ■ CMT｜性能検証計画書（施工段階）を発行。
- ■ CMT｜施工内容を随時検証し、アドバイス。
- ■ 施工者｜検証用資料を作成。

④ 運用段階
- ■ CMT｜要求性能が達成されているか実測等による検証。
- ■ CMT｜利用実態を把握し、要求性能を満足させるよう施設設備のチューニングを実施。
- ■ CMT｜ユーザー満足度調査をアンケートで実施。
- ■ CMT｜OPRの内容によっては行動観察調査を実施。

[コミッショニングのプロセスと各ステークホルダーの役割]

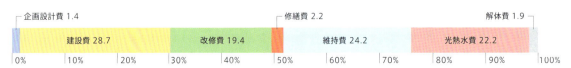

企画設計費 1.4 ／ 建設費 28.7 ／ 改修費 19.4 ／ 修繕費 2.2 ／ 維持費 24.2 ／ 光熱水費 22.2 ／ 解体費 1.9

[ライフサイクルコスト]（参照：日本ファシリティマネジメント推進協会「青森県ライフサイクルコスト試算手法及び施設評価手法開発業務報告書」2006）

FM 02

CASBEEを用いた環境性能の検証
CASBEE-Certified Evaluation

1990年代、世界的な地球環境問題への関心のもと、BREEAM（英）やLEED（米）等、建築物の環境性能評価手法が急速に普及しました。日本では気候や法規に対応した「CASBEE」（Comprehensive Assessment System for Built Environment Efficiency, 建築環境総合性能評価システム）が開発されました。CASBEEは、建設後のエネルギー消費想定量に加えて、建設から解体までのライフサイクルコスト（LCC）等も定量的に評価する閉鎖系の評価方法です。

評価指標である環境性能効率（BEE）は、「仮想閉空間内における建物ユーザーの生活アメニティの向上」を評価するQ（Quality, 環境品質）（縦軸）を「仮想閉空間を越えてその外部（公的環境）に達する環境影響の負の側面」を評価するL（Load, 環境負荷）（横軸）で除して求められます。BEEは、傾きが大きい程、評価が高くなり（最高で3以上のSランク）、えんつりーは竣工時で、L=24/100、Q=77/100、BEE=3.2（Sランク）となりました。

As a method to evaluate and rate the environmental performance of a building and its built environment, the Comprehensive Assessment System for Built Environment Efficiency (CASBEE) was developed in Japan. CASBEE is a closed system method that quantitatively evaluates a building's Life Cycle Cost and also assesses energy consumption after completion. At the time of its completion, the Built Environment Efficiency (BEE) for "enTree" was rated 3.2 (categorized as the highest rank, Rank "S").

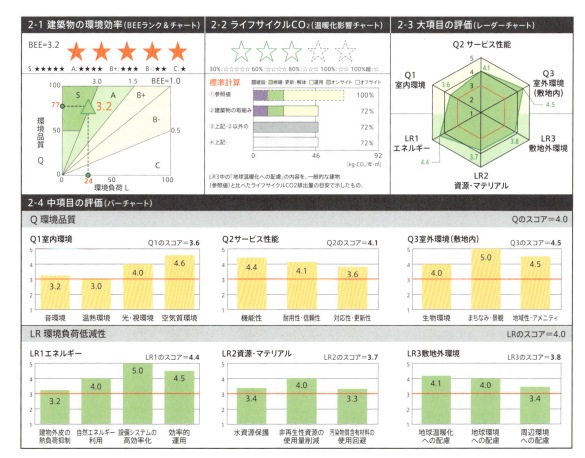

CASBEE評価結果

（参照：CASBEEの判定結果を元に作成）

えんつりーを　1 構想する ／ 2 デザインする ／ 3 評価する ／ 4 建てる ／ 5 語る

　CASBEEにおける評価項目は、Q環境品質として、Q1室内環境（音、温熱、光、空気質）(3.6/5.0)、Q2サービス性能（機能性、耐用性）(4.1/5.0)、Q3室外環境（生物、まちなみ、地域性）(4.5/5.0)、LR環境負荷として、LR1エネルギー（外皮、自然エネルギー、設備システム）(4.4/5.0)、LR2資源・マテリアル（水資源、再生材、汚染物質）(3.7/5.0)、LR3敷地外環境（地球温暖化、周辺環境）(3.8/5.0)、となります（カッコ内はえんつりーの得点/満点）。

　CASBEEは都道府県等の自治体が建築物の環境配慮を推奨または義務付け（2000㎡以上）るツールとして活用され、静岡県では「CASBEE静岡」が導入されています。静岡版の重点項目は、①地球温暖化対策（4.3/5.0）、②耐震性（3.7/5.0）、③ユニバーサルデザイン（4.9/5.0）、④緑化・景観保全（4.0/5.0）となっています（ちなみにえんつりーは、平成29年度静岡県環境配慮建築物優秀賞を受賞）。

　一方、CASBEEに対して、自己評価による第三者性の欠如、評価が細かく、基準が曖昧といった指摘もあります。

For Shizuoka Prefecture, a regional standard, "CASBEE Shizuoka", has been introduced. Key items in the Shizuoka version are measures against global warming; earthquake resistance; accessibility design; and green design and landscape preservation. On the other hand, it has also been indicated that criteria for CASBEE, unlike those for LEED certification, lack third-party assessment, are too detailed, and the standards are vague.

CASBEE静岡

	重要項目への取組み度				
	重要項目	得点※/満点		取組み度	評価
1	"ふじのくに地球温暖化対策実行計画"の推進 (Global Warming)	4.3	/5	🗻🗻🗻🗻🗻	よい
2	"災害に強いしずおか"の形成 (Disaster)	3.7	/5	🗻🗻🗻🗻	ふつう
3	"しずおかユニバーサルデザイン"の推進 (Universal Design)	4.9	/5	🗻🗻🗻🗻🗻	よい
4	"緑化及び自然景観"の保全・回復 (Nature)	4.0	/5	🗻🗻🗻🗻	よい
	※対応するCASBEEのスコア（平均）を5点満点で表示します。 〔スコア1.0＝1点、スコア5.0＝5点〕	評価凡例	よい 4点以上	ふつう 3点以上	がんばろう 3点未満

CASBEE静岡版 評価結果

（参照：CASBEE静岡の判定結果を元に作成）

計画・環境 01

建築環境の心理量
Measuring the Psychological Impact of the Building Environment

利用者がその環境に満足しているか、どのように感じているかを定量化するためには主観申告値の集計が有効な手法です。適用の簡便さや数量的な処理のしやすさから「評定尺度法Semantic Differential Method (SD法)」による評価が最も一般的な手法です。これはアンケート調査において、形容詞対（意味が反対の2つの言葉）を両端に置き、その間を数段階の尺度で区切った形式で答えさせるものです。

複数の男女学生を対象に、各階の主要室（1階デザインスタジオ2、1階エントランスホール、2階廊下、3階ラウンジ、4階読書コーナー）と既存校舎を対象に、20対の形容詞対によるアンケートを行った結果（男女とも5名ずつ、2018年10月30日実施）、既存校舎は全体的にマイナス側の印象となりました。一方、えんつりーは全体的に各階でプラス側の印象が強く、全体的に居心地が良い空間と感じている学生が多いことがわかりました。今後、より多くのサンプルをもとに男女差、年齢差、気温等による差異を調査していきます（計測：脇坂、文：鍋島）。

As a method of quantifying the user's satisfaction with the environment, an evaluation that uses a rating scale method, the "Semantic Differential Method (SD method)" is the most common in Japan. This is a questionnaire survey based on ratings on a scale with opposing adjectives. In contrast to the strong negative impression of the existing school building, the general impression of "enTree" was positive, evaluating it as "bright" and "fresh".

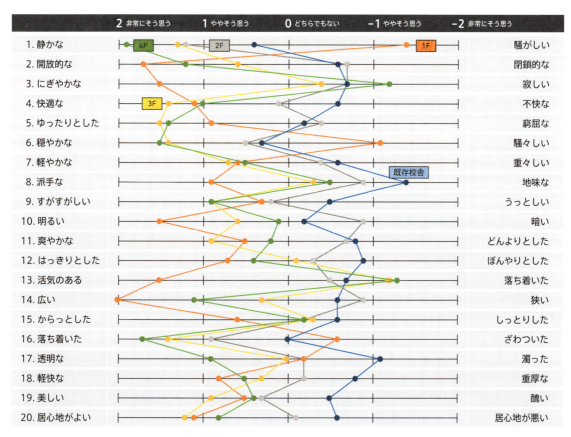

学生被験者を対象としたアンケート結果（平均値）

意匠・設計 01
ミックスラボにおけるアクティビティ
Activities at MixLab

　えんつりーで試みられた「ミックスラボ」は、できるだけ壁を設けずに、一室状の空間において、異なる学年・専門領域の交わりを促進させ、それによって研究が加速することを期待しています。そこで、実際の空間で、どのような場所に、どの程度の頻度で、どのような交わりが発生するのかを調査しました。POE(Post Occupancy Evaluation,居住後評価)では、アンケートやヒアリングによる調査が主ですが、ここでは定点観測カメラによる調査結果を示します。

　えんつりーの1階エントランスホール、エスキスコーナー(デザインスタジオ1〜2間の通路状の空間)、3階ラウンジ、計3箇所に定点観測カメラ(Brinno TLC200Pro タイムラプスカメラ)を各1台設置し、30秒に1枚、2019年4月10日〜2019年4月19日の9:00〜19:00の設定で撮影を行いました。

A Post Occupancy Evaluation (POE) was conducted to examine the effects of the "MixLab" concept of "enTree". At certain fixed points, observation cameras were installed: in the Entrance Hall, in the 1st Floor "Esquisse Corner", and in the 3rd Floor lounge. Student activities were analyzed based on the photo stills taken from 9:00 to 19:00 for seven days in April 2019.

3階ラウンジ

2019/04/11 14:03　ラウンジの畳ユニットで1年生が談笑する。

2019/04/11 14:28　1年生が寝転がって寛ぎ、ラウンジでは企業の来訪者が作業をする。

2019/04/11 15:51　2名が靴を脱ぎ、畳ユニットに上がって談笑する。

1階エントランスホール

2019/04/10 17:13　3人の学生が横に並び、中庭を向いてベンチで談笑する。

2019/04/11 9:08　2人の学生が一人ずつ階段側を向いて座る。

2019/04/11 11:29　6人の学生が、それぞれベンチに座り、向き合って談笑する。

1階エスキスコーナー

2019/04/11 12:13　午前の講義終了時間をむかえるが、まだ人影は無い。

2019/04/11 12:40　いつも座るエスキスコーナーの机に学生が集まり始める。

2019/04/11 12:57　エスキスコーナー、デザインスタジオで昼食をとる学生が多い。

2019/04/18 15:53　デザインスタジオ1にてホワイトボードの前で打合せを行う。

2019/04/18 15:59　ホワイトボードでの打合せが目に入り、移動中の学生がのぞき込む。

2019/04/18 16:49　ロッカー兼間仕切りカウンターにて教員が学生の相談を受ける。

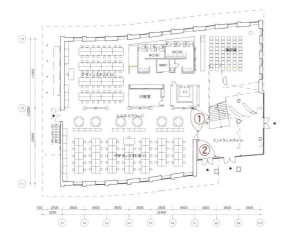

定点観測カメラ設置位置(1階)

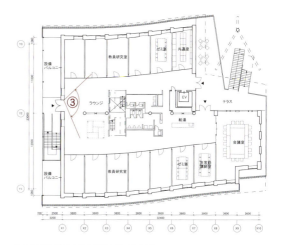

定点観測カメラ設置位置(3階)

2019/04/15 18:05 ラウンジのテーブルで2人の学生がそれぞれ教員の戻りを待つ。

2019/04/15 18:34 1人が教員からアドバイスを受け、2人の学生が作業する。

2019/04/15 18:51 2人の学生が作業を続け、別な1人が畳ユニットに座る。

2019/04/11 12:32 吹き抜け上部にいた学生に気付き、出入口の学生が呼びかける。

2019/04/12 13:17 ベンチに座る学生、床にしゃがむ学生が談笑する。

2019/04/12 13:24 しゃがんでいた学生がベンチの反対側に座る。

2019/04/11 16:25 エスキスコーナーの3つの机に一人ずつ座る。

2019/04/17 15:39 3人の学生がロッカー兼間仕切りカウンターで打合せをする。

2019/04/17 16:13 エスキスコーナー、デザインスタジオ1で作業する2年生の脇を1年生が通る。

定点観測カメラで見られた各所におけるアクティビティの展開

環境・設備 01

一次エネルギー消費量の設定
Establishing Primary Energy Consumption

　日本では発注者・管理者は「エネルギーの使用の合理化に関する法律（S54年,省エネ法,資源エネルギー庁）」に従って、「一次エネルギー消費量」を算出し、基準に適合するか判定を受ける必要があります（H29年廃止、建築物省エネ法に移行）(※1)。

　自然界に存在するままの形で用いられる一次エネルギー（化石燃料、太陽光、水力など）に対して、それらを加工・変換して得られる二次エネルギー（電力、ガス、石油など）が建物で主に使用されるエネルギーです。これらはそれぞれ異なる計量単位（kWh、MJ、L等）のため、省エネ法では、加工・変換に要するエネルギー等をもとに一次エネルギー消費量へ換算し、総エネルギー消費量（MJ、GJ）を算出して、判定を行います。建物を構成する室用途に応じて、単位床面積あたりの基準一次エネルギー消費量が地域毎に規定されています。

　えんつりーでは、OPRにおいて基準値に対して約30％減の800MJ/m²・年を目標値としていました（P.15）が、実施設計最終段階ではそれを下回る値が示されました。下図では他大学の理系建物、文系建物の建設時のOPRも例示します。

In Japan, clients and building managers must calculate their primary energy consumption and the values are then used to determine whether their building meets the standard. The standard primary energy consumption per unit floor area is regulated by each region according to room use. In the Owner's Project Requirements (OPR), the primary energy consumption was specified to be less than 800 MJ / m2・year, which is approximately 30% lower than the standard value.

参照：『平成25年 省エネルギー基準（非住宅建築物）一次エネルギー消費量算定用WEBプログラムの解説』国土交通省 国土技術政策総合研究所・独立行政法人 建築研究所，平成26年6月

※1：住宅・建築物で消費されるエネルギー量（業務・家庭部門）は日本のエネルギー消費の1/3を占め、2030年までにCO2排出量の40%削減を目指すことが喫緊の課題となっている（「地球温暖化対策計画」，H28.5 閣議決定）

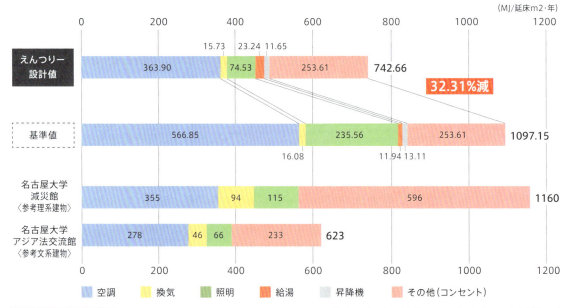

一次エネルギー消費量

（参照：名古屋大学減災館OPR、名古屋大学アジア法交流館OPR）

環境・設備 02

建築物省エネルギー性能表示制度
Building-Housing Energy-Efficiency Labeling System (BELS)

発注者・事業者は「建築物のエネルギー消費性能の向上に関する法律（H27, 建築物省エネ法, 国交省）」に基づき、建物のエネルギー消費性能を表示する事が求めれます。国は、評価指標として「建築物省エネルギー性能表示制度（BELS, Building-Housing Energy-efficiency Labeling System）」において、基準一次エネルギー消費量に対する設計一次エネルギー消費量の値としてBEI（Building Energy-efficiency Index）を定め、5段階でランク付けしました。BEIの値が小さいほど省エネになりますが、えんつりーでは、BEI=0.58<0.6（非住宅, 学校等）となることから、最高ランクの星5つと見込まれます。

The Japanese national government has specified a Building-Housing Energy-efficiency Labeling System (BELS) as an evaluation index. In this index, the BEI (Building Energy-efficiency Index) was defined as the design value of primary energy consumption relative to the standard value of primary energy consumption, and was ranked in five stages.

$$\text{BEI (Building Energy-efficiency Index)} = \frac{\text{設計一次エネルギー消費量（その他一次エネルギー消費量を除く）}}{\text{基準一次エネルギー消費量（その他一次エネルギー消費量を除く）}}$$

$$= 489.05 / 843.54$$
$$= 0.579$$

★数	住宅用途	非住宅 用途1 （事務所等、学校等、工場等）	非住宅 用途2 （ホテル等、病院等、百貨店等、飲食店等、集会所等）
★★★★★	0.8	0.6	0.7
★★★★	0.85	0.7	0.75
★★★ 誘導基準	0.9	0.8	0.8
★★ 省エネ基準	1.0	1.0	1.0
★ 既存の省エネ基準	1.1	1.1	1.1

BELSによる用途別評価基準　　（参照：建築物のエネルギー消費性能の向上に関する法律（H27年）建築物のエネルギー消費性能の表示に関する指針（ガイドライン））

ZERO ENERGY BUILDINGへの対応
Zero-Energy Building Design Efforts

環境・設備 03

ZEB（ゼブ）とは、Net Zero Energy Building（ネット・ゼロ・エネルギー・ビル）の略称です。建物の年間一次エネルギー消費量に関して、自然換気、昼光利用、外皮性能向上、日射遮蔽などのパッシブ技術、高効率の照明・空調機器の使用などのアクティブ技術により省エネを図り、さらに太陽光発電、バイオマス発電による創エネにより、正味（ネット）でゼロにした建物の事です。

ZEBシリーズとして、①基準一次エネルギー消費量から50％以上の一次エネルギー消費量の削減を実現した「ZEB Ready」、②省エネ（50％以上）＋創エネで75％以上の一次エネルギー消費量の削減を実現した「Nearly ZEB」、③省エネ（50％以上）＋創エネで100％以上の一次エネルギー消費量の削減を実現した「ZEB」が定義されています。

えんつりーは、基準一次エネルギー消費量から50％未満の省エネに留まり、「ZEB Oriented」と算定されました。今後、運用段階における省エネ化を図り、まずは「ZEB Ready」を目指していきます。

The primary energy consumption of "enTree" was estimated to be "ZEB Oriented", with energy savings within 50% of the standard value. In other words, the calculated design values did not fall under "ZEB", "Nearly ZEB", or "ZEB Ready". At the operation stage, "ZEB Ready" was set as the first goal in order to achieve higher ranking.

参照：『ZEBロードマップ検討委員会における「ZEBの定義・今後の施策など』経済産業省 資源エネルギー庁 省エネルギー対策課／『ZEB PORTAL』環境省／『建築物のZEB化推進に向けた取組』環境省 地球環境局 地球温暖化対策課 地球温暖化対策事業室

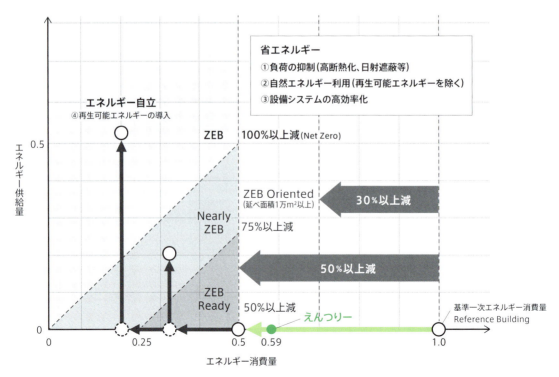

エネルギー消費量と供給量からみたZEB建物の評価 （参照：資源エネルギー庁「ZEBロードマップとりまとめの概要資料」に加筆修正）

環境・設備 04

空気線図と環境基準
Psychrometric Charts and Environmental Standards

　夏期・中間期・冬期の温湿度分布を湿り空気線図上にプロットして、室内の温度、絶対湿度、相対湿度を同時に比較してみます（2018年8月26日、10月22日、2019年1月28日）。季節間で比較すると、温度、水分量（絶対湿度）に大きな差があります。夏は約20g/kgDAであるのに対し、中間期は5～8g/kgDA、冬期では3～5g/kgDA以下となっています。外気の相対湿度はおおよそ30～70%であり、季節間で大きな差がないことがわかります（晴天時）。

　季節間で温度と水分量は大きな差がありますが、厚生労働省は通称ビル管法において、居室の温湿度基準として、図中破線で示す範囲（17～28 ℃、40～70%）に空調制御することを定めています。空調によって夏期、基準値内に収めることが出来ますが、冬期は暖房をしても水分量が足らず、過乾燥状態にあります。暖房時の室温は20℃、相対湿度は20%と基準値を満たしていないため、加湿を行わなければならないことがわかります（鍋島）。

"enTree"'s indoor temperatures, absolute humidity, and relative humidity were recorded in the winter, summer, and intermediate seasons and were plotted on Psychometrics Charts for comparison. Although the temperature and the amount of moisture (absolute humidity) varied greatly among the seasons, the relative humidity of outdoor air did not show much variance when recorded in fair-weather conditions. Under Japan's Building Administration Law, the Ministry of Health, Labor, and Welfare has established the standard for indoor room temperature to be between 17°C to 28°C, with humidity between 40 to 70%. With the use of mechanical cooling, these standard values are maintained in the summer, however, in winter, in addition to heating, humidification must be provided to prevent overly dry conditions.

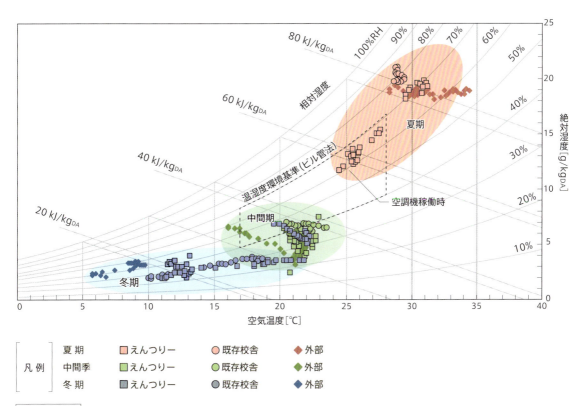

湿り空気線図

環境・設備 05

温湿度変動から見た温熱環境解析
Thermal Environment Analysis via Temperature and Humidity Variations

温度変動　夏期・中間期・冬期の代表日の1日の温湿度変動について、季節の移り変わりに伴う温度、湿度の変化をみます。夏期、外気は35℃に達し、冷房を稼働しないとえんつりー、既存校舎ともにビル管法（ビル衛生管理法）による基準値（17～28℃）を満たすことは出来ません。既存校舎においては30℃を超え、非常に不快な居室環境であることが予測されます。冷房を使用することで、えんつりー内の温度は25℃付近に保たれ、快適であることがわかります。中間期、えんつりー、既存校舎ともに基準値に収まっており、冷暖房が不要であることがわかります。冬期、外気温が非常に低く、暖房を使わないと基準値を維持することが困難です。

相対湿度　相対湿度は温度に依存して変化します。ビル管法では40～70％と規定されています。夏期、冷房を行わないと居室の相対湿度は80％近くになり、不快指数を高める要因となります。冬期、暖房を使うことで、相対湿度が20％近く低下することがわかります。

絶対湿度　絶対湿度は外気と殆ど変わりませんが、夏期、冷房稼働時にはエアコンの蒸発器によって空気中の水分が凝縮し、乾燥した空気を得ることが出来ます。エアコンを使用しているえんつりー内の絶対湿度は12g/kg$_{DA}$まで低下しています。通常の空調機では冬期に絶対湿度を増加させることが出来ず、相対湿度の基準を満たすためには加湿器の導入が必要となります。例えば、居室の人数を60人と仮定した場合、必要換気量は約1800m³/h（30 m³/h・人）となり、今回の測定結果（外気絶対湿度5g/kg$_{DA}$、室温20℃とした場合）から室内を加湿して相対湿度の基準値を満たすには、一時間あたり4190ccの水を加湿し続ける必要があります（鍋島）。

One of the most important elements in the thermal environment are temperature and humidity. There are two types of humidity: "relative humidity" indicates the saturation ratio of water vapor, and "absolute humidity" indicates the amount of water vapor. To analyze the thermal environment, temperature and humidity must be measured. After surveying the thermal environment of "enTree", it was determined that mechanical cooling and heating is necessary in the summer and winter seasons.

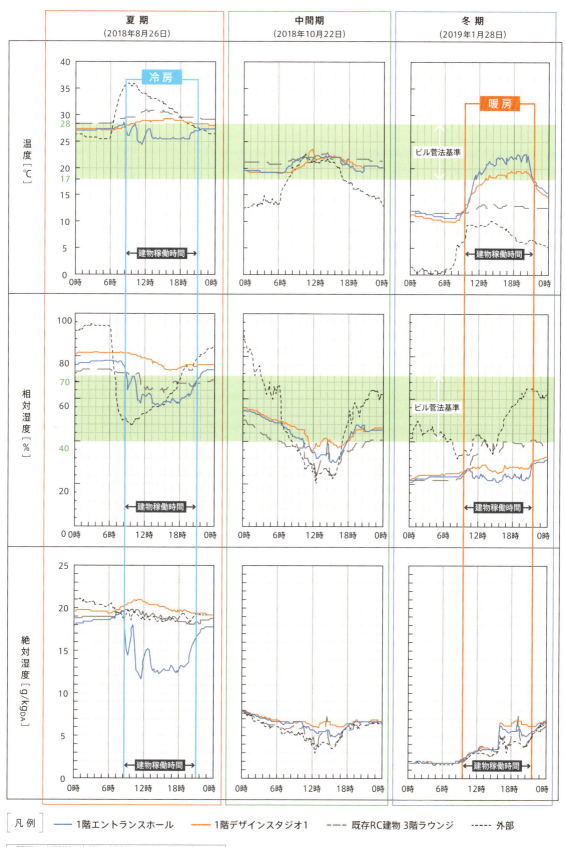

夏期・中間期・冬期の代表日の1日の温湿度変動

環境・設備 06

熱画像から見た温熱環境解析

Thermal Environment Analysis via Thermal Images

　物体間に温度差が生じると、熱の移動が起こります。放射熱伝達はその一つであり、温熱環境を左右する要素です。建材や構造体の表面温度を測定することのできる熱画像カメラを用い、空調稼働時・非稼働時の室内壁面や床面の温度分布を観測しました（撮影日：2019年2月5日）。暖房時、既存RC校舎では机上面が20.7℃（上左図）を示すのに対して、外壁表面や床面は14.1℃を示しています。暖房停止後に、放射温度分布は小さくなったものの11.4～17.6℃（上右図）を示し、冷放射を感じる環境でした。

　一方、えんつりー内部の放射温度分布を見ると、暖房時の温度分布は17.4～24.8℃（上中図）と既存校舎より高いものの、天井部の温度に対して、机上面は20℃程度と低く、上部に温度成層が生じていることが確認できます。これはエネルギーの過剰供給を意味しており、省エネ対策としてシーリングファン等による室内対流促進が求められます。また、暖房停止後の温度分布は16.4～22.6℃（下中図）であり、既存校舎より低下が緩やかでした。これは外皮性能の差を示しており、S造のえんつりーは規定の断熱材を施しているのに対して、無断熱の既存校舎はRC造のため熱容量が大きく、室温変動や分布に差が生じることがわかります（計測：脇坂、文：鍋島）。

Energy transferred by the temperature variation between objects is called "thermal radiation" and is a factor that influences the thermal environment. Infrared thermography is a method to detect radiation temperatures of the target objects. Using this method, the temperature distribution of the interior wall and floor surfaces both with and without air conditioning were measured. Insulation performances of the new and old buildings were measured with thermal imaging with and without mechanical heating and were compared. In the "enTree", thermal stratification was observed close to the ceiling of the interior spaces.

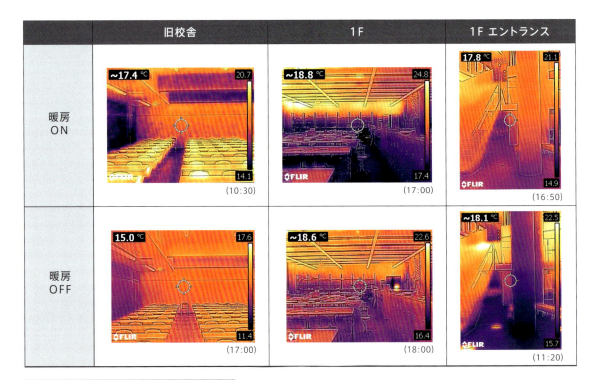

空調稼働時・非稼働時の室内壁面床面の温度分布

環境・設備 07
色温度・照度から見た光環境解析
Lighting Environment Analysis via Color Temperature and Illuminance

　設計値および実測値（晴れ、照明ON/OFF）の3つの値について、横軸に色温度（2,000〜8,000K）、縦軸に照度（10〜3,000lx）をとり、対数グラフにプロット（計測日：2019年2月26日13:00〜14:00）しました。左側グラフ欄外には、主要室のJIS照度基準を示しています。

　照明計画（P.75〜79）で示したように、えんつりーでは低めの照度（50〜200lx）で低めの色温度（2,700〜3,000）、中間の照度（200〜300lx）で中間の色温度（2,700〜4,000K）、高めの照度（300〜500lx）で高めの色温度（4,000〜5,000K）と室用途によって照度と色温度にバリエーションがあります。例えば、デザインスタジオは300lxとJIS基準の製図室750lxと比べて低い値となっていますが、実測では500lxでした。他の室も含めて、天候、計測時間によって実測値は変動しますが、実際には機能上、問題なく作業が行われています。

　なお、この図には、オランダの物理学者クルイトフ（A.A.Kruithof）が心理実験をもとに快適領域と不快領域を示したクルイトフカーブ（1941年に発表）を重ね合わせています。不快領域にプロットされる室もありますが、心理量評価（P.93）ではえんつりーの評価は高い結果となっています。

Measuring Color Temperature and Illuminance | The design values and the actual values for the luminous environment were plotted on a logarithmic graph with color temperature on the horizontal axis and illuminance on the vertical axis. Different combinations of color temperature and illuminance were set depending on the function of the room; specifically, lower illuminance (50-200 lx) was used with lower color temperature (2700-3000 K), intermediate illuminance (200-300 lx) with intermediate color temperature (2700-4000 K), and higher illuminance (300-500 lx) with higher color temperature (4000-5000K).

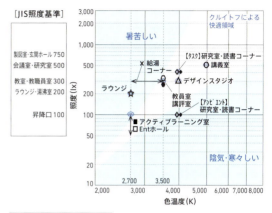

色温度・照度の設計値

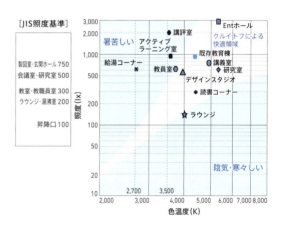

色温度・照度の実測値（晴れ、照明ON）

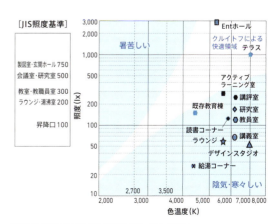

色温度・照度の実測値（晴れ、照明OFF）

照度シミュレーションと実測　照度シミュレーションソフトにより、自然採光のもとで快適な光環境が得られるか、各室の照度分布を把握しました。日時は、夏期、中間期に設定して、シミュレーションと共に実測も行いました。1階エントランスホール、1階デザインスタジオ、4階テラスのシミュレーション結果では、床面、壁面が輝度（Cd/m²）の値によって青から赤まで塗り分けられています。凡例では63（青）〜500（赤）Cd/m²となっていますが、これを E（照度, lx）$= \pi / \rho$（反射率）$\cdot L$（輝度, cd/m²）に代入すると、330〜2617lxと換算できます（側壁の反射率=0.5〜0.7、床の反射率=0.1より、ρ=0.6と設定）。

3階ラウンジ付近は、実施設計段階で西面に窓がなかったため、シミュレーションにおいて床面で27lxと小さな値でした（実測値22.8lx）。この結果と西からの季節風も考慮して、最終的には西面にポツ窓（1100角、下端FL+750）を2ヶ設け、日中で100lx程度の照度が得られるようになりました（計測日：2019年3月25日15：30）。
（使用ソフト：VELUX Daylight Visualizer）

Illuminance Simulation and Measuring | Illuminance simulation software was used to confirm the illuminance distribution of each room to see whether a comfortable luminous environment could be obtained with daylighting. It was determined that the simulation would be carried out for summer and the intermediate seasons. The simulation results in the vicinity of the 3rd floor lounge led to the installation of two 1100-square-mm windows on the west wall.

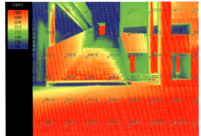
1階 エントランスホール

1階 デザインスタジオ

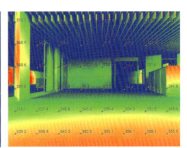
4階 テラス

照度シミュレーション

3階 ラウンジ前　ポツ窓有り

3階 ラウンジ前　ポツ窓無し

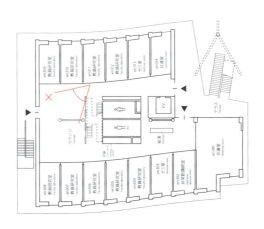
3階計測ポイント（lx）

照度・色温度計による実測状況

環境・設備 08
気流シミュレーションによる風環境解析
Wind Environment Analysis via Airflow Simulation

　気流は体感温度に作用する不可視の物理要素で、夏期の扇風機のように気流によって対流熱伝達率を増加させることで、同じ温度でも涼快な環境が得られます。一方、過度な気流は不快感の原因ともなります。ここでは、可動部の開口を開放した場合のシミュレーション解析図を示します。

1階平面　南北壁面にそれぞれ設けた上下の回転窓ですが、南から北へ、あるいはその逆の流れは明快に見られません。講評室（図版右上角）では室内に流入する流れがあり、また、エントランスホースでは出入口に向かって外部に流出する流れが見られます。西側壁面に開口を設けられないため、それが室内の換気に影響を及ぼしていると考えられます。

2階平面　中央部の階段吹抜から下方に吹き下ろす気流が東側に向かって流れるとともに、北側出入口から南に向かう流れと合流する様子が確認できます。

3階平面　西側壁面のポツ窓からの気流が教員室の壁沿いに東方向に流れ、キッチンコーナーの北側、東側出入口より外部に抜ける様子が確認できます。

4階平面　南から北へ向かう気流の中で、西側壁面に設けた2箇所のポツ窓からの流入が大きい様子が確認できます。ELVとトイレのコアの間も気流の抜けが大きく、一室状の空間であることが換気の促進に寄与している様子が確認できます。

Simulation Analysis Using Computational Fluid Dynamics (CFD) | The simulation results of each floor with operable apertures in open position are shown in simulation diagrams. On the third and fourth floors, the effect of the small windows on the west side was clearly expressed.

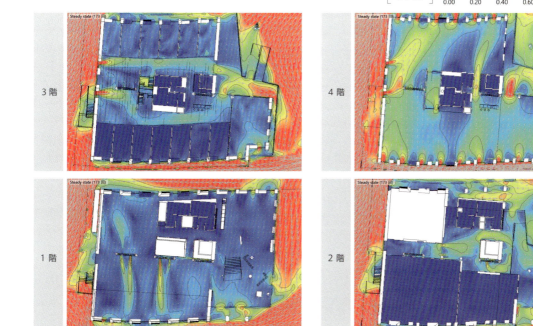

数値流体力学（CFD）による気流シミュレーション解析図

（協力：(株)アドバンスドナレッジ研究所）

長手断面図・トップライト断面　東西に長い平面形（32.4m）のえんつりーですが、西寄りの中央付近にトップライトが設けられ、屋根面からの立ち上がりの壁に開口部（ハイサイドライト）を設けています。静岡県西部は西からの風が強く、この西風に誘引されるため、3〜4階の階段吹抜部から3階の階段下部に設けた開口に吹き下ろす気流の流れを確認できます。

　さらに、エントランスホールから2階へ向かう大階段上部の吹抜部分を見ると、やはり1階に向かう気流の流れが確認できます。

エントランスホール南北断面　長手断面図で確認したように、エントランスホール上部では北側出入口からの気流が、階段を吹き下ろし、エントランスホール南側の出入口から外部に抜ける流れが見られます。一方、4階を見ると、南からの気流が北側に抜ける様子が確認できます。

Longitudinal section perspective | It was confirmed that, induced by the seasonal westerly winds, air flows into the open ceiling at the top of the stairs on the 3rd and 4th floors, and moves through the void space at the lower part of the stairways, and through the corridor on the second floor.

North-south section perspective of the entrance hall | The air from the north side of the second floor flows down the stairs and out of the entrance on the south side of the first floor. Alternatively, on the 4th floor, the air moves from the south to the north.

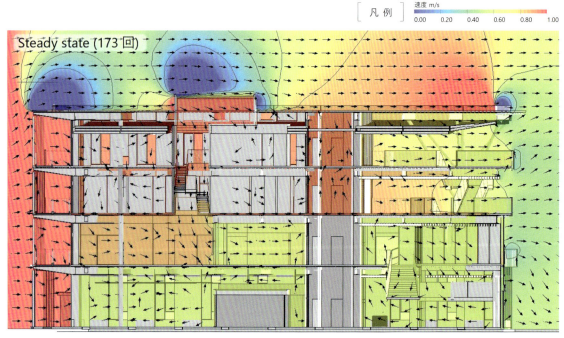

長手断面気流シミュレーション図

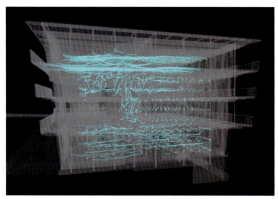

トップライト断面気流シミュレーション図

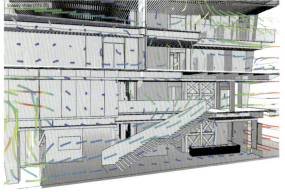

エントランスホール南北断面気流シミュレーション図

（協力：(株)アドバンスドナレッジ研究所）

環境・設備 09
実測による風環境解析
Survey-Based Wind Environment Analysis

　上下に手動換気窓を有する縦型スリット窓の性能検証として、竣工後に煙り試験が実施されました。4階北側の下部開口部から給気され（上左図）、対面の壁面に設けられた開口部の上部から排気される（上右図）様子が確認されました。

　一方、トップライト脇のハイサイドライトでは、重力換気窓（スウィンドウ）の開閉により、排気と閉鎖が繰り返される様子が確認されました（下図）。これは内部階段上部の吹抜における煙突効果と見なせます。

A smoke test was conducted after building completion as a performance verification of the upper and lower manually operated vertical slit windows. Air flow was supplied from the lower window and was exhausted from the upper window on the opposing wall.
In the clerestories to the edge of the skylight, the natural (gravity) ventilation windows (balanced backflow prevention windows) opened and closed as the wind pressure varied, and air was exhausted accordingly. This can be regarded as the "stack effect" that occurs in the open ceiling above the inner stairs.

4F 北側スリット窓：発煙

屋外：室外で発煙するとスリット窓下部から給気され、室内床に広がった

屋内：室内で発煙するとスリット窓上部から煙が排気された

RF 西側重力換気窓：発煙

屋外：東面は風の強弱によって、排気と閉鎖を繰り返した

屋外：東面は風下側で、重力換気窓は常に開放され、煙が排気された

（参照：三協アルミ　自然換気実測報告書に加筆修正）

構造・材料 01
柱・梁・ブレースの構造解析
Structural Analysis of Columns, Beams, and Bracing

　詳細な構造解析を行い、想定する地震荷重および鉛直荷重に対して構造的に安全な部材断面算定を行いました。主に地震による水平力は、各階に設置している鉄骨ブレースが負担していることが分かります。

A structural analysis was carried out to check the safety of "enTree" under long-term vertical and seismic loads. It was verified that the steel braces could effectively resist the horizontal load in the event of an earthquake.

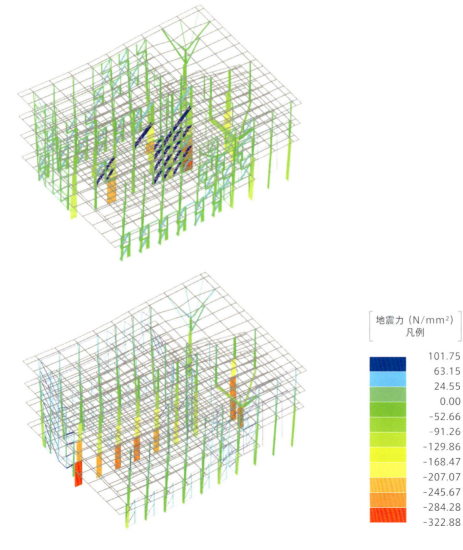

部材に発生する応力解析図（X方向）

地震力（N/mm²）凡例

101.75
63.15
24.55
0.00
−52.66
−91.26
−129.86
−168.47
−207.07
−245.67
−284.28
−322.88

（図版作成：江尻建築構造設計事務所）

構造・材料 02
樹状柱の構造解析
Structural Analysis of Tree-Shaped Columns

樹状柱は、常時、屋根荷重や上層階のスラブ荷重を保持する役割を有します。枝分かれ部を1本柱とする接合部には大きな応力が集中することが明らかとなったため、枝分かれ部をパイプ形状から中実の鋳物に変更し、応力集中に抵抗できることを構造解析によって検証しました。

Since the tree-shaped columns must support long-term vertical loads such as the roof and upper slab loads, great stress is concentrated in the joints of the tree-shape columns. Structural calculations led to changing the joint detail from hollow-pipe welding to solid casting.

変更前は接合部において70N/mm²程度の応力が生じている。

接合部詳細変更前の応力度分布（ホロージョイント）

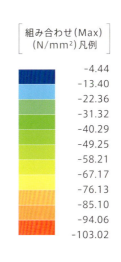

組み合わせ（Max）
（N/mm²）凡例

-4.44
-13.40
-22.36
-31.32
-40.29
-49.25
-58.21
-67.17
-76.13
-85.10
-94.06
-103.02

無垢断面とすることで応力が20N/mm²程度に小さくなり、重要な部位である接合部にかかる力が小さくなった。

接合部詳細変更後の応力度分布（ソリッドジョイント）

（図版作成：江尻建築構造設計事務所）

構造・材料 03
地震計による固有周期・振動モード解析
Seismometer-Based Natural Period and Vibration Mode Analysis

地震計の設置と実測値の検証　えんつりーには1階から4階の各階に地震計が設置されており、計測されたデータによって、建物の挙動を把握することができます。3gal以上の加速度が入力されると自動的に計測がはじまるように設定されており、2018年6月18日7時58分に発生した大阪府北部地震(M5.9、深さ10km)にて、設置後、初めてデータを計測しました(崔、丸田)。

Seismometers were installed on each floor to investigate the behavior of the building structure during an earthquake. The seismometers measured response data of each floor during the Northern Osaka Prefecture Earthquake that occurred on 18 June 2018.

設置された地震計の様子

1階から4階の地震計設置位置

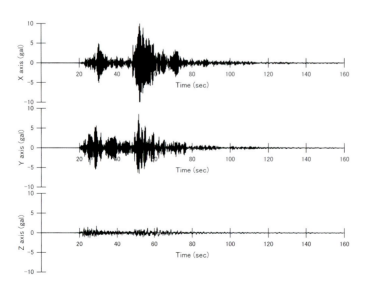

大阪府北部地震(2018/6/18)において4階で計測された各方向(X、Y、Z)の地震波データ

(図版：崔 琥 + 丸田 誠)

建物の固有周期および振動モード　地震計により計測された加速度データから建物の様々な振動特性を調べることができます。

大阪府北部地震の際に、計測されたデータを用い、フーリエ解析により得られたえんつりーの桁行（X）方向および梁間（Y）方向の1次固有周期はそれぞれ0.30secおよび0.36secと判明されました（下左図）。一般に、えんつりーのような鉄骨造建物の周期の簡易式はT＝0.021H（H：建物の全高さ）で求められ、高さH＝16.16mより、周期T=0.021×16.16＝0.34secとなり、計算結果と簡易式はおおむね一致していることを確認しました。

次に、計測データより建物高さ方向の1次モードが得られました。一方、建物高さ方向の2次モードから4次モード時の2次から4次固有周期は顕著に現れておらず、これは吹き抜け等の影響であると推察されます。

今後、運用段階のコミッショニング（性能検証）として、建物のねじれ挙動や地盤を含めた計測を行い、えんつりーの振動特性を明らかにしていく予定です（崔、丸田）。

The dynamic characteristics of this building such as the predominant period and mode shape can be investigated using the recorded acceleration data. Consequently, the predominant periods of X and Y directions are evaluated as 0.30 sec and 0.36 sec, respectively, and these values approximately correspond with the calculation value of 0.34 sec.

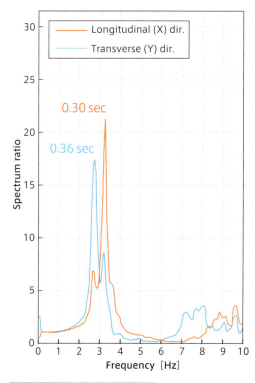

X方向及びY方向の1次固有周期

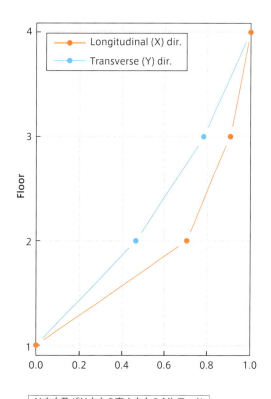

X方向及びY方向の高さ方向の1次モード

（図版：崔 琥＋丸田 誠）

えんつりーを「描く」

Drawing "enTree"

　1年生後期の「デッサン」の授業では、まず、グラデーションやカラーチャートを制作して、鉛筆、水彩色鉛筆、透明水彩絵の具など画材に対する知識や使い方について理解します。さらに、ものの見方の基本として、立方体、円柱、球の立体を構成する基本幾何形体を描くこと、木やリンゴ等の質感表現と、手、顔、着衣人物の人体表現、そして屋外や室内風景の空間表現などを学びます。また、デッサン未経験の学生も苦手意識を持たずに描くことができるスケッチ演習等、様々な課題を行います。

　ものをじっくり観察し描くことで、形体の把握、光と影による明暗の理解、質感、画面の構図、パース等、ものや空間を「感じる」ことの大切さを知り、さらに、正確に形や構図をとる技術や描写力、構成力など、頭の中の構想を絵として表現する基礎を会得することで、建築にとって必要な空間概念が育まれます。これらの過程で、自身の感性や表現する楽しさに出会うでしょう。

　基礎的なデッサンを学んだ段階で、日ごろ目にしているえんつりーの外観と内観を写生する課題に取り組みます。学生たちは、実物の建築物とじっくり向き合い、単に見るだけではなく手で描くことにより、多様な空間や有機的な形状、様々な素材を組み合わせてできた建物の魅力、そして建物の圧倒的な存在感を実感したことと思います。課題の進行としては、まず水彩紙のホワイトワトソンボードの画面上に、各自が感じた建物の構造や空間の美しさを表現すべく構図を決め、遠近法やアイレベルやフォーカルポイントを意識して鉛筆で線描します。その画を色鉛筆や透明水彩で彩色し、面と光と影による空間を表現します。どこまで丁寧に表現できるか、緻密で根気のいる作業です。

　この課題が今後どのような場面で生かされるでしょうか。日常の中で頭に浮かんだアイデアを絵日記のように絵として留めておくこと、建築設計する上で、思考をまとめる手段としてのアイデアスケッチ、設計過程で繰り返される打合せで、視覚的な伝達手段として絵を使用すること、自らの設計意図を図面から表現する絵図表など、可能性は無限に広がります。フランク・ロイド・ライトの落水邸完成予想図や、スティーブン・ホールのコンセプトスケッチといった、建築家にとって大切なアイデアスケッチや設計図面にも貪欲に触れてほしいと願います。デッサンは地道な努力を要するものですが、身につけることができれば、自由で柔軟な独自の発想を、絵として具体化し、新たな建築を提案できる力となります（新村）。

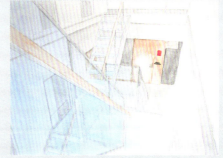

上：中庭スケッチ（作：田中 葵／当時学部1年）
中：内観スケッチ（作：田中 葵／当時学部1年）
下：内観スケッチ（作：安田 稜太／当時学部1年）

えんつりーを 建てる

施工段階 | 設計図書・施工プロセス

Building "enTree" | Design and Construction Phase | Drawings and Construction Process

目標性能を達成するための設計図書（A図80枚、S図36枚、E図55枚、M図22枚、合計193枚！）が描かれ、予算に納まるようにコスト（10億円を大きく超える金額です）を調整し、現場にて杭、基礎、コンクリート、鉄骨、サッシ、内外装、防水、断熱、外構、強電、弱電、空調、給排水といった一連の施工プロセス（工期12か月）を経て、竣工に至りました。

Drawings were produced (a total of 193 drawings that included: 80 architectural drawings, 36 structural drawings, 55 electrical drawings, and 22 mechanical drawings) to achieve the target performance, upon which Value Engineering was implemented to adjust the budget (which significantly exceeded one billion yen). The building was completed after the construction process (a 12- month construction period) that involved pile work, foundation work, concrete work, steel framing, sash work, interior and exterior finishes, waterproofing, heat insulation, landscaping, electrical work, HVAC installation, and plumbing.

Less is More. / Mies van der Rohe (1886-1969)

01
建築概要
Building Outline

所在地 静岡県袋井市豊沢2200-2
主要用途 大学
建主 学校法人静岡理工科大学

企画・計画・性能検証
コミッショニング・マネジメントチーム (CMT)
脇坂 圭一　丸田 誠
サインデザイン協力
脇坂 圭一　松田 崇　桑田 亜由子　植野 聡子

設　計
建築　古谷 誠章＋NASCA
　　　担当／古谷 誠章　八木 佐千子
　　　平野 耕治　杉下 浩平　桔川 卓也
　　　李 東勲　遠藤 えりか　和泉 マリア
構造　江尻建築構造設計事務所
　　　担当／江尻 憲泰　楠本 玄英
設備　設備計画
　　　担当／森栄 次郎 (電気設備)
　　　渡辺 忍 (機械設備)
監理　古谷 誠章＋NASCA
　　　担当／古谷 誠章　八木 佐千子
　　　平野 耕治　杉下 浩平　桔川 卓也
　　　李 東勲

施　工
建築　鈴与建設
　　　担当／藤井 卓也　伊久美 正利　宮島 佑輔
　　　内山 慎太郎
空調・衛生　菱和設備
　　　担当／杉山 大輝
電気　関電工
　　　担当／久保田 徹

規　模
敷地面積　196,999.51m²
建築面積　1,162.59m²
延床面積　3,411.26m²
　　　1階：827.37m²
　　　2階：858.01m²
　　　3階：852.67m²
　　　4階：873.21m²
建蔽率　6.67%
　　　※既存建物等含む (許容：60%)
容積率　16.68%
　　　※既存建物等含む (許容：200%)
階　数　地上4階

寸　法
最高高　17,760mm
軒　高　16,010mm
階　高　1階：4,640mm　2階：3,840mm
　　　3階：3,520mm　4階：4,160mm
天井高　1階
　　　デザインスタジオ・講評室：
　　　3,800mm
　　　2階
　　　講義室・PC室・アクティブラーニング室：
　　　3,000mm
　　　3階 会議室：2,700mm

4階
ラボ・デザインスタジオ・読書コーナー：
3,000〜3,200mm
主なスパン　3,600×12,000mm

敷地条件
地域地区　都市計画区域内 (区域区分非設定)
　　　法22条指定区域
道路幅員　南14m

構　造
主体構造　鉄骨造
杭・基礎　杭基礎

設　備
環境配慮技術
バランス型自然換気窓 (三協アルミ)　昼光
連動照度制御システム　CASBEE Sランク
空調設備
空調方式　空冷ヒートポンプマルチエアコン方式
熱源　電気
衛生設備
給水　直結方式
給湯　局所給湯方式
排水　分流方式
電気設備
受電方式　高圧受電方式
設備容量　300kVA
防災設備
消火　屋内消火栓設備　自動火災報知設備
昇降機　乗用15人乗り×1基

工　程
設計期間　2015年5月〜2016年2月
施工期間　2016年3月〜2017年3月

外部仕上げ
屋根：断熱シート防水 (ロンシール工業)
外壁：スチールパネル 焼き付け塗装
　　ALC＋外装薄塗材E (AICA：ジョリパット)
開口部：アルミサッシ (三協立山アルミ)
　　スチールサッシ (文化シャッター)
　　再生木デッキルーバー (フクビ化学工業：プラスッド)
　　テラス床：再生木デッキ (鈴与商事：エコパルマ)
手摺：スチールフラットバー溶融亜鉛メッキ
　　リン酸処理　アルミパンチングメタル
　　焼き付け塗装
外構：アスファルト舗装　コンクリート洗い出し
　　舗装　コンクリート刷毛引き　芝生敷き

内部仕上げ
1階エントランスホール・講評室
床：コンクリート金ゴテ押えの上 防塵塗料 塗布
壁：PB＋EP
天井：地場産天竜杉ルーバー＋OSCL
1階デザインスタジオ
床：コンクリート金ゴテ押えの上 防塵塗料 塗布
壁：PB＋EP
天井：岩綿吸音板 (吉野石膏：ソーラトン)
2階講義室・PC室・アクティブラーニング室

床：タイルカーペット
　　(タジマ：タピスプレーヌⅡ)
壁：PB＋EP
天井：岩綿吸音板 (吉野石膏：ソーラトン)
2階共用部
床：長尺塩化ビニルシート
　　(タジマ：SRシート4300)
壁：PB＋EP
天井：岩綿吸音板 (吉野石膏：ソーラトン)
3階教員研究室・ゼミ室
床：タイルカーペット
　　(タジマ：タピスプレーヌⅡ)
壁：石膏ボード＋EP
天井：デッキプレート現し＋SOP
3階会議室
床：タイルカーペット
　　(タジマ：タピスファイン)
壁：石膏ボード＋EP
天井：地場産天竜杉ルーバー＋OSCL
3階共用部
床：タイルカーペット
　　(タジマ：タピスファイン)
壁：PB＋EP
天井：デッキプレート現し＋SOP
4階ラボ・デザインスタジオ・読書コーナー
床：タイルカーペット
　　(タジマ：タピスプレーヌⅡ)
壁：PB＋EP
天井：地場産天竜杉ルーバー＋OSCL
エントランス大階段
ササラ：黒皮鉄板＋車両用ワックス
　　(ソフト99)＋蜜蝋ワックス
段板：スチールプレート＋制振材 (日本特殊
塗料：防音くん) 敷込みの上　ゴムタイル
　　(ニチマンラバーテック：アストロフェース)
手摺　強化ガラス　木製手摺＋OSCL

案内図

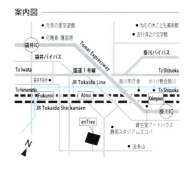

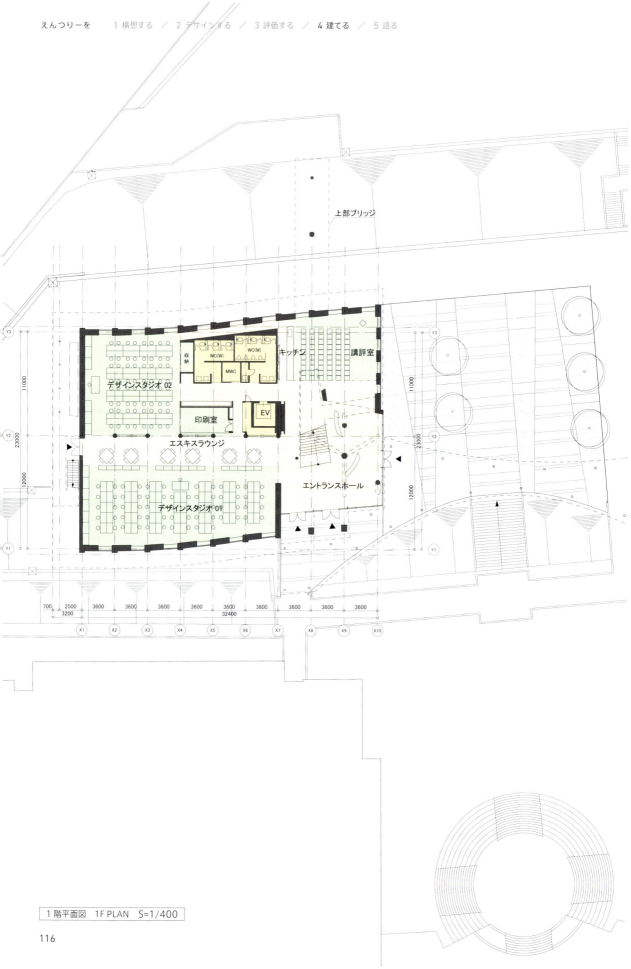

1階平面図　1F PLAN　S=1/400

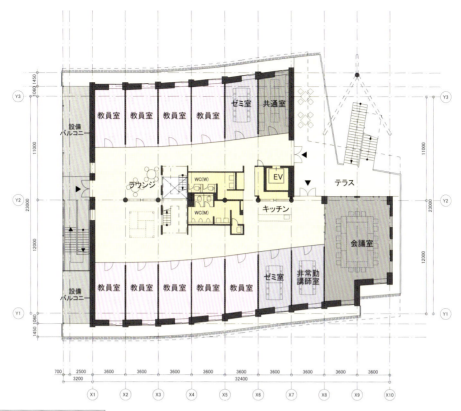

3階平面図　3F PLAN　S=1/400

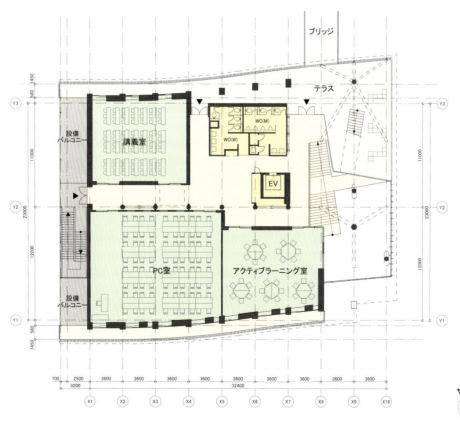

2階平面図　2F PLAN　S=1/400

えんつりーを　　1 構想する　／　2 デザインする　／　3 評価する　／　**4 建てる**　／　5 語る

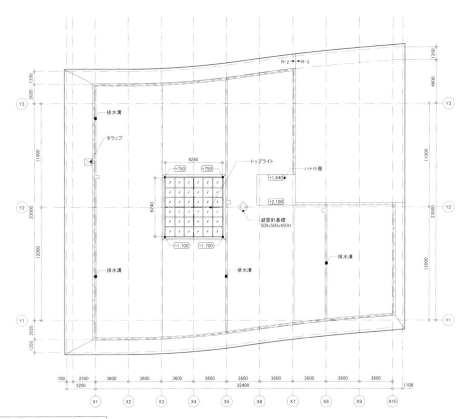

屋根伏図　RF PLAN　S=1/400

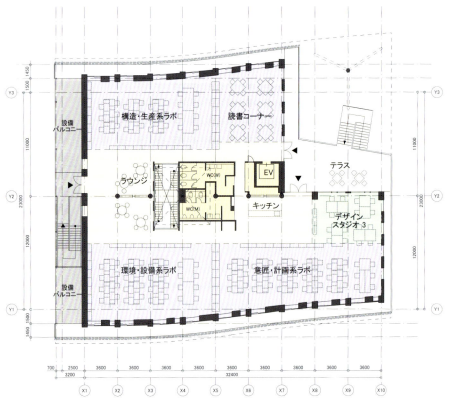

4階平面図　4F PLAN　S=1/400

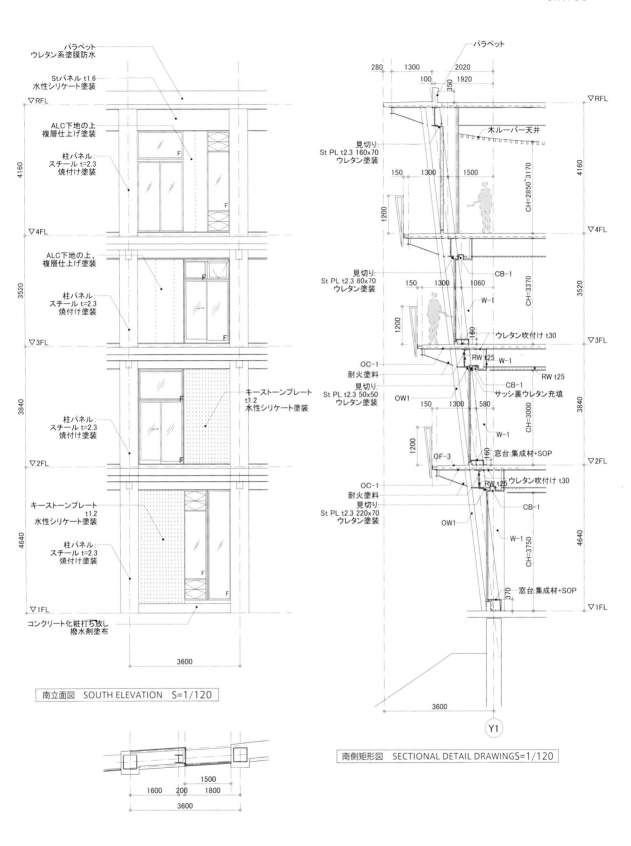

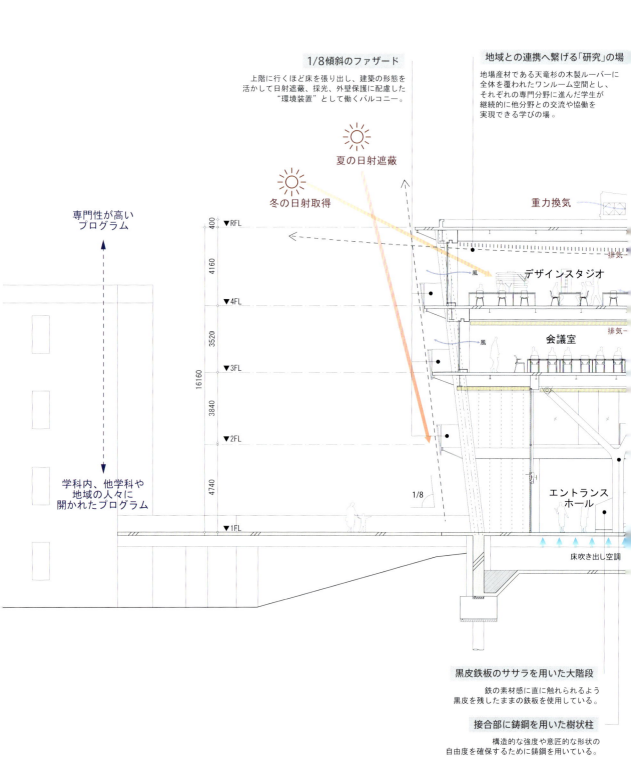

断面図 SECTION S=1/200

自然採光　トップライト
建物の中央にあるラウンジと階段室への自然採光と、
スウィンドウ（自然換気窓）による重力換気。

テラス階段
階毎にズレを持たせたテラスと
キャンチレバーの階段が
人々の動きを誘導する。

大きな軒下空間
キャンパスモールを受け止める中庭に沿った、2階〜4階にまたがる大きな軒下空間。
テーブルやベンチが置かれたテラスを設け、訪れた地域の人々や教職員・学生が年齢を超えて
接点をもつことができる場としている。
周囲の山並みを望みながら、ちょっとした時間のおしゃべりを楽しむ、
そんな風景が日常的に展開される「地域の縁側」。

自然換気窓
無風時にも換気のできるバランス型
自然換気窓を採用。

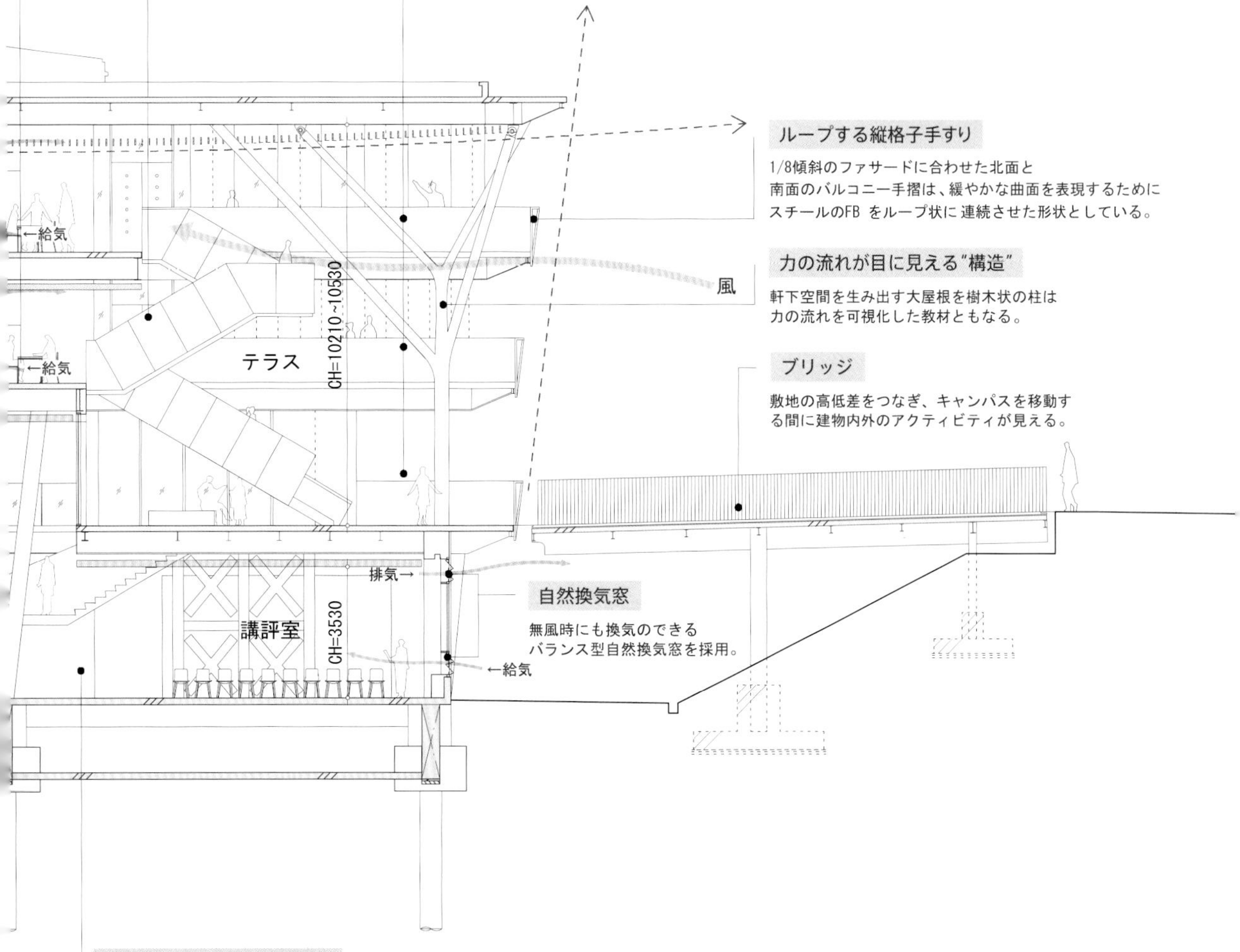

ループする縦格子手すり
1/8傾斜のファサードに合わせた北面と
南面のバルコニー手摺は、緩やかな曲面を表現するために
スチールのFBをループ状に連続させた形状としている。

力の流れが目に見える"構造"
軒下空間を生み出す大屋根を樹木状の柱は
力の流れを可視化した教材ともなる。

ブリッジ
敷地の高低差をつなぎ、キャンパスを移動す
る間に建物内外のアクティビティが見える。

←給気　テラス　CH=10210〜10530　風

排気→　自然換気窓
無風時にも換気のできる
バランス型自然換気窓を採用。
講評室　CH=3530　←給気

エントランスホール・講評室
平面的な自由度を確保するために樹木状の柱で
上階スラブを支え、外部の大きな軒下空間との
連続性を持たせている。
この場所からは、内外の様々なアクティビティを
一望できる。

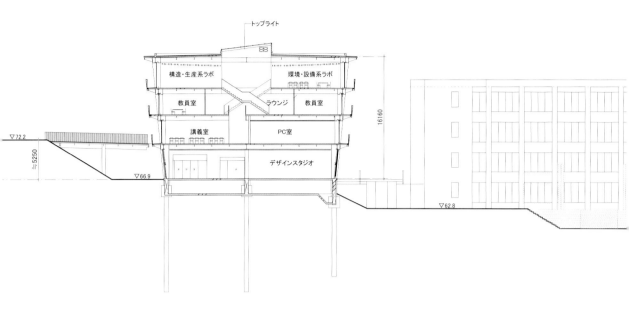

X3 通り SECTION　S=1/500

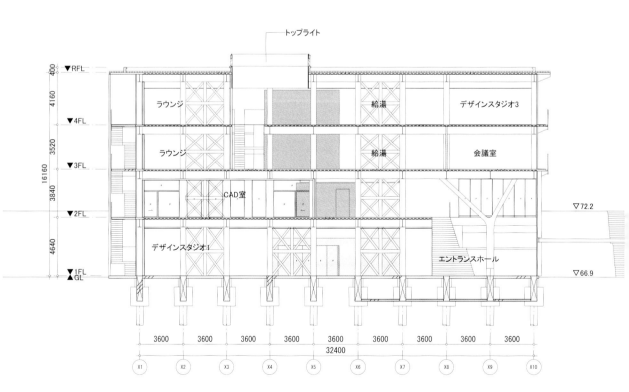

Y2 通り SECTION　S=1/300

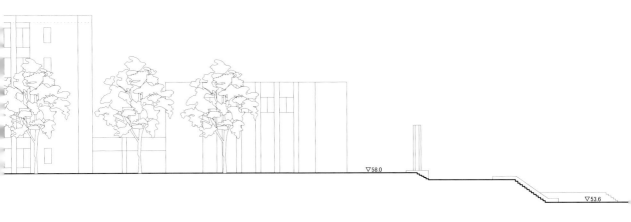

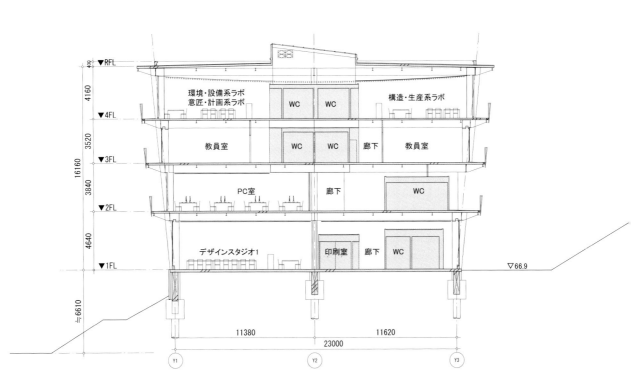

X5通り SECTION　S=1/300

03
構造図
Structural drawing

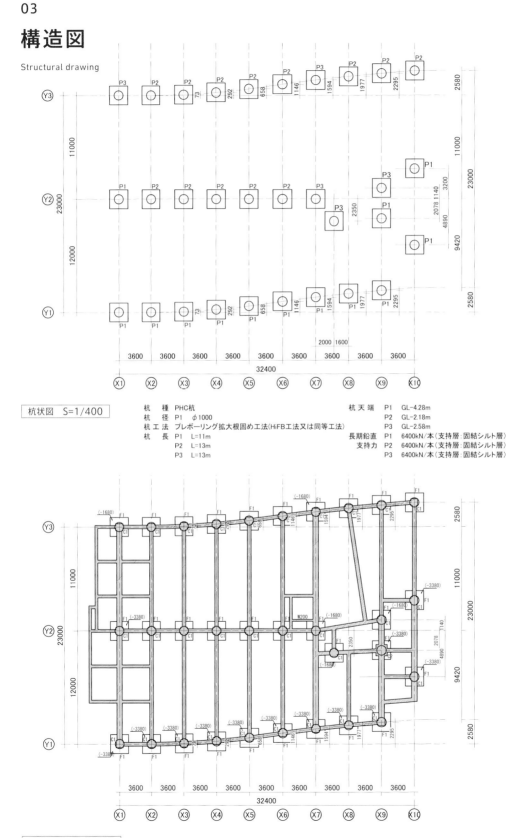

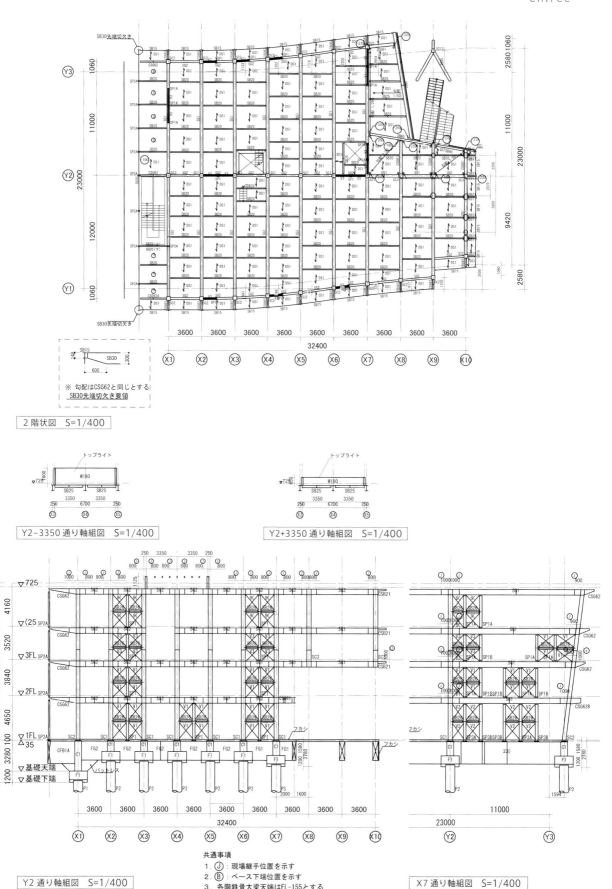

えんつりーを　1 構想する ／ 2 デザインする ／ 3 評価する ／ 4 建てる ／ 5 語る

鉄骨部材リスト

※デッキスラブと取り合う場合、スタッドを投げ右記の仕様による。

梁幅300以上の場合　19φ　L=100#150 ダブル
梁幅200以上300未満の場合　19φ　L=100#150 シングル
梁幅200未満の場合　16φ　#150 シングル

λは細長比を示す

符号	断面	材質	備考	符号	断面	材質	備考
SC1(1〜2F)	○-457.2×19.0	STKN490B	現場継手は突き合わせ溶接　λ=24.7〜34.6	SG1(2〜3F)	H-588×300×12×20	SN490B	
SC1(3〜4F)	○-457.2×14.0	STKN490B	現場継手は突き合わせ溶接　λ=22.4〜26.5	SG1(4〜RF)	H-588×300×12×20	SN400B	
SC2(1〜3F)	□-400×400×19.0	BCP325	現場継手は突き合わせ溶接　λ=23.0〜60.1	SG2(2〜3F)	H-600×200×11×17	SN490B	
SC2(4F)	□-400×400×16.0	BCP325	現場継手は突き合わせ溶接　λ=26.9	SG2(4〜RF)	H-600×200×11×17	SN400B	
SC3	○-457.2×19.0	STKN490B	現場継手は突き合わせ溶接　λ=22.6〜59.8	SG3	H-600×200×11×17	SN490B	
SC4	H-250×250×9×14	SN400B	λ=85.0	SG4	H-244×175×7×11	SN400B	
				CSG61	H-588×300×12×20	SN400B	
				CSG61A	H-588×300×12×20	SN490B	
				CSG62	BH-600×150×150×12×12	SN400B	
SC11ⓐ	○-609.6×22.0	STKN490B	現場継手は突き合わせ溶接　λ=23.3	CSG62A	BH-600×300×150×12×22	SN400B	
SC11ⓑ	○-355.6×12.7	STKN490B	λ=51.2	CSG62B	BH-600×500×150×12×19	SN490B	
SC12	○-318.5×9.0	STKN490B	λ=49.0	CSG63	BH-588×300×12×36	SN400B	
SC13ⓐ	○-406.4×19.0	STKN490B	現場継手は突き合わせ溶接　λ=30.7				
SC13ⓑ	○-318.5×12.7	STKN490B	λ=23.1	SB15	H-148×100×6×9	SS400	H.T.B. S10T 2-M20 GPL-9
SC13ⓒ	○-267.4×12.7	STKN490B	λ=112.5	SB20	H-200×100×5.5×8	SS400	H.T.B. S10T 2-M20 GPL-6
SC13ⓓ	○-216.3×12.7	STKN490B	λ=87.4	SB25	H-250×125×6×9	SS400	H.T.B. S10T 3-M20 GPL-9
				SB26	H-250×250×9×14	SS400	H.T.B. S10T 6-M20 GPL-16
				SB30	H-300×150×6.5×9	SS400	H.T.B. S10T 3-M20 GPL-9
SP1	H-250×250×9×14	SS400	H.T.B. S10T 8-M20 GPL-22 (GPLはSM490AもしくはSN490B)	SB31	H-294×200×8×12	SS400	H.T.B. S10T 3-M20 GPL-9
SP1A	H-250×250×9×14	SS400	H.T.B. S10T 8-M20 GPL-22 (GPLはSM490AもしくはSN490B)	SB35	H-350×175×7×11	SS400	H.T.B. S10T 4-M20 GPL-9
SP1B	H-250×250×9×14	SS400	H.T.B. S10T 6-M20 2GPL-22 (GPLはSM490AもしくはSN490B)	SB50	H-500×200×10×16	SS400	H.T.B. S10T 6-M20 GPL-12
SP2A	H-150×150×7×10	SS400	H.T.B. S10T 3-M20 GPL-12	SB60	H-600×200×11×17	SS400	H.T.B. S10T 7-M20 GPL-12
SP3A	H-300×300×10×15	SN490B	H.T.B. S10T 8-M22 2GPL-22 (GPLはSM490AもしくはSN490B)	SB61	H-588×300×12×20	SS400	H.T.B. S10T 7-M20 GPL-16
SP3B	H-300×300×10×15	SN490B	H.T.B. S10T 8-M22 2GPL-22 (GPLはSM490AもしくはSN490B)	CSB21	BH-200×150×100×6×9	SN400B	
SP4A	H-200×200×8×12	SS400	H.T.B. S10T 4-M20 GPL-12	CSB25	H-250×125×6×9	SS400	
			SP1,SP1A,SP1B λ=85.5	V1	2[-125×65×6×8	SS400	H.T.B. S10T 6-M20 GPL-16
			SP2A λ=142.5	V2	2PL-16×250	SS400	H.T.B. S10T 9-M20 GPL-32
			SP3A,SP3B λ=71.1	V3	2[-100×50×5×7.5	SS400	H.T.B. S10T 4-M20 GPL-12
			SP4A λ=106.9	V4	2Ls-65×65×6	SS400	H.T.B. S10T 5-M16 GPL-6

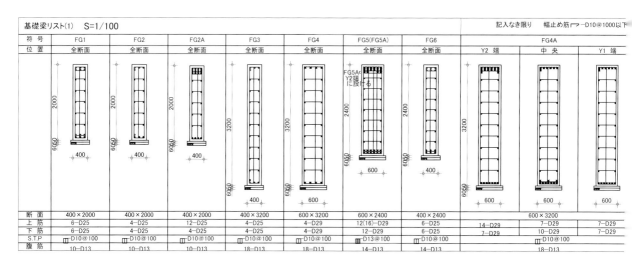

基礎梁リスト(1)　S=1/100　　記入なき限り　幅止め筋　-D10@1000以下

符号	FG1	FG2	FG2A	FG3	FG4	FG5(FG5A)	FG6	FG4A Y2端	中央	Y1端
位置	全断面	全断面	全断面	全断面	全断面	全断面	全断面			
断面	400×2000	400×2000	400×2000	400×3200	400×3200	600×3200	600×2400	600×3200		
上筋	6-D25	4-D25	12-D25	4-D25	4-D29	12(16)-D29	6-D25	14-D29	7-D29	7-D29
下筋	4-D25	4-D25	4-D25	4-D25	4-D29	12-D29	6-D25	7-D29	10-D29	7-D29
S.T.P	□D10@100	□D10@100	□D10@100	□D10@100	□D10@100	□D13@100	□D10@100	□D10@100		
腹筋	10-D13	10-D13	10-D13	18-D13	18-D13	14-D13	14-D13	18-D13		

ブレースリスト　S=1/50

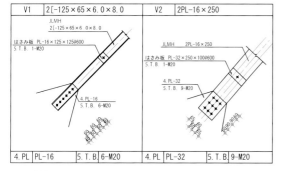

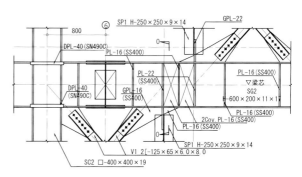

04 キャノピー
Canopy

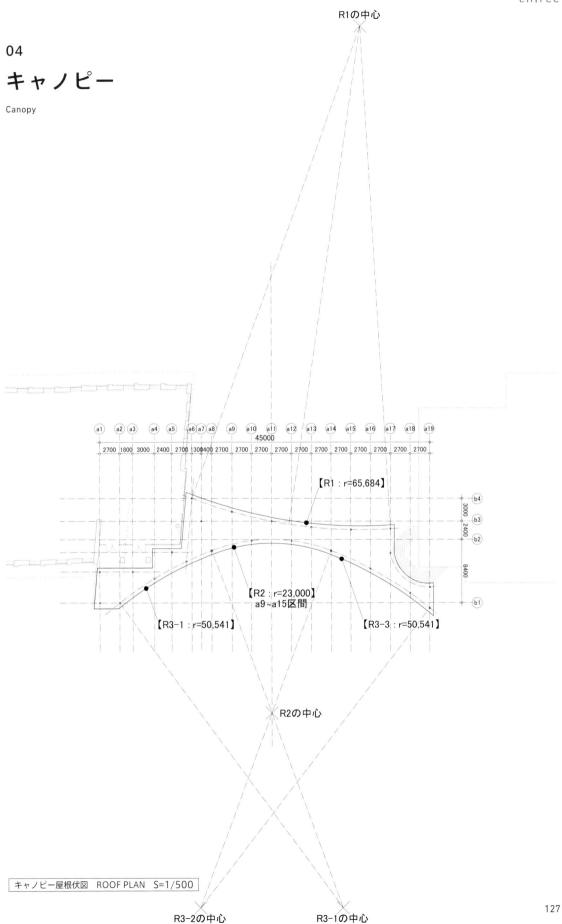

キャノピー屋根伏図　ROOF PLAN　S=1/500

えんつりーを　1 構想する　/　2 デザインする　/　3 評価する　/　4 建てる　/　5 語る

見上げ

見下げ

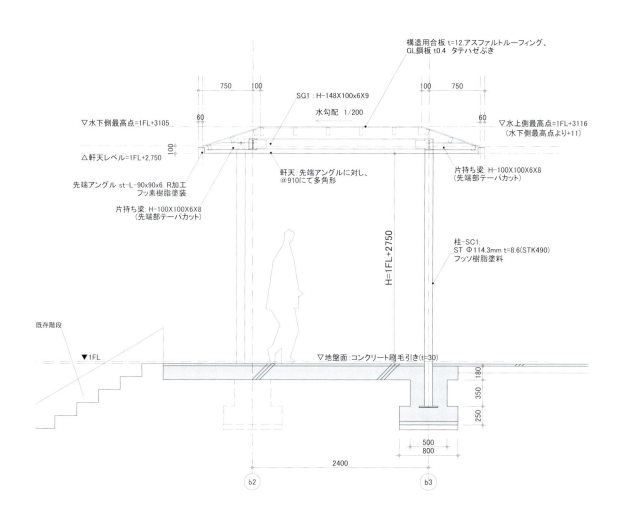

キャノピー断面図　SECTION　S=1/50

05

構造実験棟
Structural Testing Laboratory

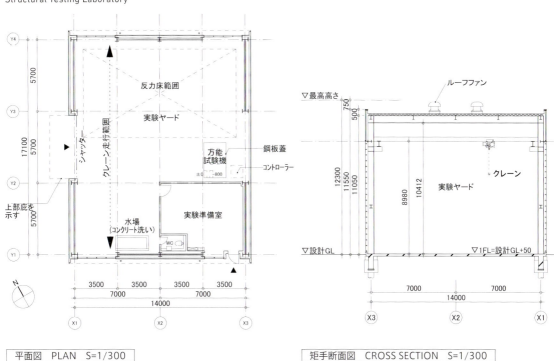

平面図　PLAN　S=1/300

矩手断面図　CROSS SECTION　S=1/300

左：手前に試験体、奥に試験体をセットした地震荷重載荷装置、上部にクレーンを設置　上右：実験を実施中の、柱（鉄筋コンクリート）、梁（鉄骨の十字形骨組試験体）　下右：軸力とせん断力載荷用油圧ジャッキ

06
環境実験棟
Environmental Testing Laboratory

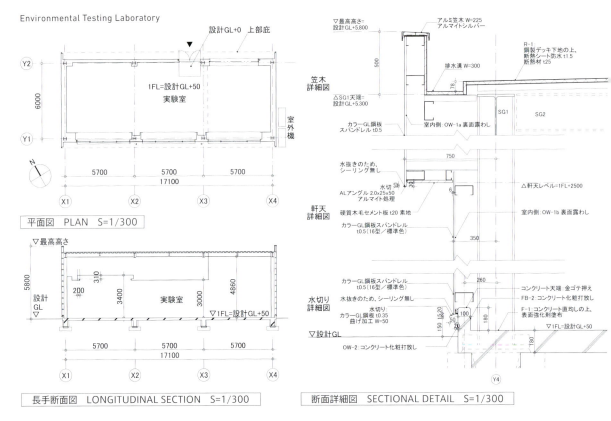

平面図　PLAN　S=1/300

長手断面図　LONGITUDINAL SECTION　S=1/300

断面詳細図　SECTIONAL DETAIL　S=1/300

上左：色温度2700kの場合　下左：色温度5000kの場合　右：ダウンライトにより机上面を照らす

上:北側道路より構造実験棟、環境実験棟、えんつりーを見る 　下:中庭より環境実験棟、構造実験棟を見る

07 コストバランス

Cost Balancing

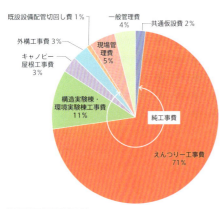

全体工事費 比率

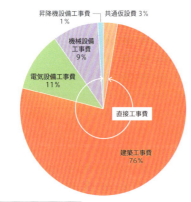

えんつりー 工事別比率

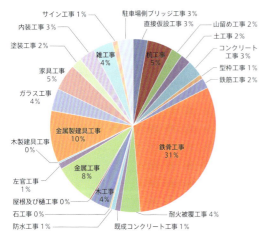

えんつりー 建築工事 工種別比率

　建築工事のコストを三つのグラフから説明します。一つ目は、全体工事費です。全体工事費は、①純工事費、②共通仮設費（現場事務所など仮設建物等に関わる費用）、③一般管理費（個別の工事に直接必要はないが経営上必要な本支店経費）、④現場管理費（現場経費）からなります。このうち、①純工事費には、棟別にえんつりー、実験棟、キャノピーの「工事費」、植栽や中庭整備に関わる「外構工事費」、「既設設備配管の切り回し費」があり、これらから全体工事費が算出されます。

　次に、上記のうち、えんつりーの工事費だけを抜き出して工事別の内訳を見ます。本体工事のうち「建築工事費」、「電気設備工事費」、「機械設備工事費」、「昇降機設備工事費」、を「直接工事費」といい、これに本体棟分の「共通仮設費」を加えて、建築学科棟全体の工事費が算出されます。

　さらに、えんつりーの建築工事費を抜き出し、専門工種別の内訳を見ます。まず、足場、養生、清掃、墨出しに関わる「直接仮設工事費」、そして「各専門工事費」を積み上げて建築工事費が算出されます。このうち、最も比率の高いのが「鉄骨工事費」です。金額的には、外部のアルミサッシや内部のスチールドアに関わる「金属製建具工事費」が続きます。全体では、25の工種が関わります。このほか、電気設備工事、機械設備工事にもそれぞれ専門の工種があります。現場代理人は、品質、安全など多角的な視点を持ちつつ、多くの専門工事業者と職人を束ねながらコスト管理を行う責任ある職能です（鈴木、太田、脇坂）。

The cost of construction for "enTree" was broken down into the following: 1) the total cost of construction 2) the construction of the architectural department building and its facilities and 3) specialized construction and facilities work for the building.

08 施工プロセス1
設計図書読込み、現地調査、工程表作成
Construction Process

工事の着手にあたり、施工者がすべきことを挙げます。

1．設計図書の読込み
①意匠図、構造図、設備図、特記仕様書、標準仕様書、その他の内容を読み込みます。②意匠設計者、構造設計者、設備設計者と重要ポイントについて打合せを行い、施工上の注意点を明確にします。③これらが発注者の要求性能・品質に応えているか確認を取ります。

2．現地・周辺状況の確認
設計者が描いた2次元情報である設計図書をもとに、発注者から工事を請け負い、3次元の現実の建物にすることが施工です。設計図書から実際の敷地に建築物を建てるために、現地の状況確認はもちろん、資機材の運搬経路の確認、周辺の道路状況、上空障害物、地下埋設物、周辺環境などを踏まえ、施工に際して考えられるあらゆるリスクを想定します。

3．着工から竣工までの工程表の作成
上記を踏まえ、各工種の1日当りの単位作業量である歩掛り（ぶがかり）をもとに、着工から竣工までの工事の大きな流れを月単位で表した工程表を作成します。この際、作業員の人数や建設機械・機器材の数量を調整したり、資材調達のタイミングや施工上のクリティカルパスを踏まえて、工期内に竣工させるための工程とします（鈴木、太田、脇坂）。

Design Document Production/Assessment, Site Survey, Construction Schedule Coordination
In preparation for construction, the process for contractors was as follows: 1) assess the design documents 2) confirm site conditions and 3) coordinate the construction schedule until completion.

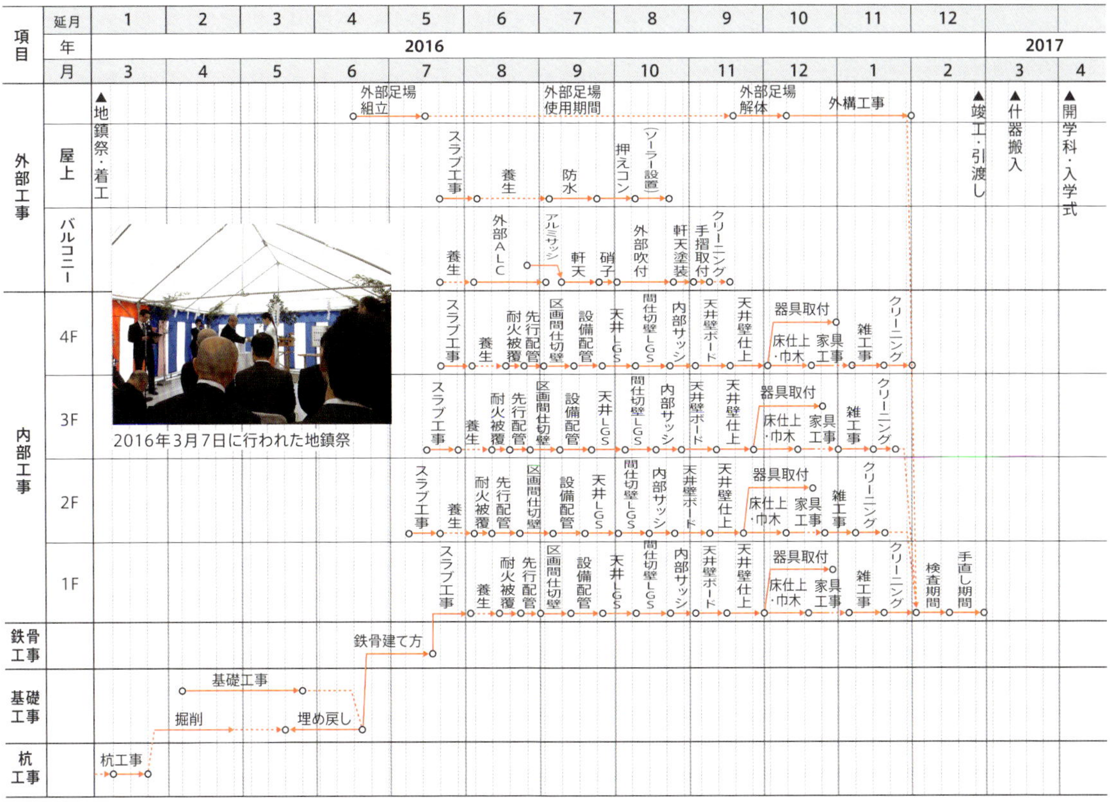

工事工程表

08 施工プロセス2
杭工事
Pile Work

　設計図書に記載されている地盤調査資料やボーリング柱状図（※1）をもとに建物を支える地盤の支持層まで杭を築造する杭工事において、えんつりーでは最大深度13mの固結シルト層（※2）に支持させることとし、プレボーリング拡大根固め工法にて施工しました。大型重機アースオーガーを使用して削孔し、支持層に到達後、土質サンプルを採取し、柱状図やボーリングデータと比較し、支持層であることを確認します。そのうえで、根固め用のセメントミルクを注入し、深度11〜13m、径1000mmφの既製杭31本を大型揚重機クローラークレーンで吊り上げ、削孔部に落とし込みました。なお、柱状図で、9mほどの深度にN値48のシルト質細砂の層がありますが、そのすぐ下に軟弱なN値17の固結シルト層があるため、さらに下の深度13mを支持層としています（鈴木、太田、脇坂）。

Pile construction work involved pre-boring using the bored pre-cast piling method with enlarged bases. As preparation for this work, boring was done to extract a soil sample and confirm the substrate. Cement milk was then poured into the holes and the piling was inserted to complete the pile work.

※1　ボーリング柱状図：柱状図とはある地点の地質断面図のこと。ボーリング調査によって得られた地盤の深度による土質の種類や色、粒度、強度（N値）、地下水位など、建物の基礎の設計に必要な重要情報が図示されている。

※2　杭：軟弱地盤で建物を支持するために用いられる柱状の部材で、えんつりーでは、既製杭を採用。一方、径の大きな杭を築造可能な場所打ち杭もある。

※3　固結シルト：砂より小さく粘土より粗い砕屑物が堆積し、長年にわたって固く凝固した土。敷地は、小笠山丘陵から扇状地が始まる位置にあり、また大学周辺には川や水脈があることから、地盤に対する理解も深まる。

※4　アースオーガー：ドリル形状のスクリューを回転させて地中にねじり込むように穴を掘る建設機械。

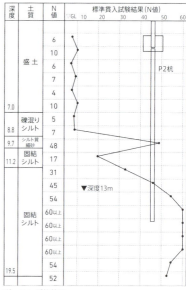

ボーリング柱状図

左上：アースオーガーにて掘削する
右上：クローラークレーンにて杭を落とし込む
中：採種した土質サンプルにて支持層の確認を行う
下：杭頭に基礎梁の配筋を行う

08 施工プロセス3
基礎工事
Foundation Work

　傾斜地に建つえんつりーでは施工地盤レベル（※1）を1階相当としたため、親杭横矢板工法（※2）にて山留工事を行ったうえで敷地背後の「山」（※3）を削り、作業スペースを確保しました。

　基礎工事では、鉄骨柱脚のアンカーボルト、基礎・地中梁の配筋、および型枠を設置した後、コンクリートを打ち込み、養生を行います。脱型後に地中梁で囲まれた各マスに土を埋め戻し、鉄骨工事の際の施工地盤にします。1階床スラブは、鉄骨建方完了後にコンクリート打ち（※4）を行うことで、クレーンの上載荷重を考慮する必要がなくなり、経済的にも品質的にも有利になります（鈴木、太田、脇坂）。

For the foundation work, after setting the anchor bolts for the steel frame column footings, foundation reinforcement bars were tied, the formwork was set, and the concrete was poured and cured. To create the foundation for steel framework, after removing the formwork, the pits of the foundation beams were backfilled.

※1　施工地盤レベル：敷地が平地の場合、資機材の搬出入などを考慮すると、1階レベルに合わせるのが通常。一方、傾斜地や狭小地、地下階がある建物など、建設する建物の周りに敷地がない場合、桟橋構台と呼ばれる仮設の施工地盤を造ることもある。

※2　H型鋼材を垂直に地中へ打ち込み、鋼材間に木製の矢板を渡して、背面の土の流出を止める。山留工事の工法選定は敷地形状、掘削深さ、地質、地下水の状況により選定する。
参考)
・オープンカット工法
・シートパイル工法
・SMW工法
・地中連続壁工法
などがあります。

※3　山：地山（ぢやま）ともいい、自然状態にある地盤のこと。

※4　コンクリート打ち：トラックアジテータ（生コン車）で現場まで運搬された生コンクリートを、コンクリートポンプ、配管、ホースを用いて所定の位置に打ち込むコンクリート圧送工、コンクリートの打込み順や打込み速度を適切に指示しながら棒形振動機などでコンクリートを締め固めるとともに、打込み前後に清掃や養生を行うコンクリート工（土工）、打ち上がったコンクリートの表面仕上げ（コテ均し・押え）を行う土間工（左官工）、コンクリートを打ち込む部位に関連して、打込み時に不具合が生じないよう立ち会う鉄筋工、型枠工、設備工、その他多くの業種が関わる。

左上：基礎の配筋およびアンカーボルトの設置状況
右上：型枠設置状況
中：コンクリートを打ち込む
下：脱型し基礎コンクリートが完了する

08 施工プロセス4
鉄骨工事　鉄骨工場検査
Steel Frame Construction: Steel Frame Testing

　建物の骨組み（構造体）となる鉄骨製の柱や梁、ブレースなどの鉄骨製品が、設計図書に記載されている要求品質を満たしているか、製作工場にて検査をしました。鉄骨の製品のみに注目することなく、製作工場の品質水準や管理体制、要求品質に対する製作要領を書類上で確認し、具体性・実現性について共通認識を得るようにします（※1）。

　検査には、使用する材料の検査、溶接技能者の技量試験、製作プロセスが適合しているかを確認する「中間検査」と、製作が完了した製品が適正な品質水準・管理体制下で製作されたかを書類と対物で最終確認する「完成検査」があります。さらに、第三者試験機関による溶接部の受入検査を受け、品質を担保します。このように、何重もの検査プロセスを経て、鉄骨製品が現場に納品されます（鈴木、太田、脇坂）。

Steel columns, beams, and bracing for the framing were tested at a manufacturing plant. Intermediate inspections were also carried out to confirm the suitability of the production process, and final inspections confirmed whether the products were manufactured under appropriate operation systems.

※1　整理・整頓や安全通路の確保などができている工場が製作する製品は品質が高い傾向にある。

※2　開先：溶接する2つの部材間に設ける溝のこと。グルーブともいう。

上：丸柱のダイヤフラム、ガセットプレートを確認する
中：鉄骨工場における検査状況
左下：X4Y2通り丸柱の開先（※2）を確認する
右下：ブレースのガセットプレートは厚16mm

08 施工プロセス5
鉄骨工事　鉄骨建方
Steel Frame Construction: Steel Frame Erection

　鉄骨工事は、工事の中でも大きく重いものを扱う工事のため、施工地盤の安定性の確認から始まり、クレーンの選定・配置、鉄骨仮置スペース、作業・仮設資材ヤード（※1）計画、建方の順序に合わせた仮設資材・安全設備の先行設置など、検討することが盛り沢山です。鉄骨の建方計画は、鉄骨部材の総数量から逆算して、日々の鉄骨建方の終了時点における安全性の確保を考慮して工区分け（※2）を行い、施工数量と施工日数のバランスを決めます。ここは施工者の腕の見せどころで、建方順序の正解は必ずしも一つではありません（鈴木、太田、脇坂）。

Several test items were required for the steel frame construction including the safety of the foundation work, the crane positioning, the tentative space for the steel frames, the production yard, the temporary scaffolding prepared in proper sequence for the frame erection, and the advanced preparation of safety facilities. The frame erection plan was determined by calculating the total amount of steel frame members and dividing the work schedule into sections according to the number of members and days required for erection.

※1　ヤード：クレーンを設置したり、搬入した資機材を仮置きし、作業の準備などを行うためのスペース。事前に、必要なヤードの大きさと実際に確保できる大きさを検証することで、工事の進捗を左右するだけでなく、安全や品質にも影響を及ぼす。

※2　工区分け：工事を進める際、一つの建物をいくつかのブロックに分けて考えること。

上：中央部のY2通りの丸柱から建て方が進む
中：1日分の建て方作業を終えた状況
左下：4層まで柱・梁・ブレースが取り付けられる
右下：2工区目までの建て方が完了する

08 施工プロセス6
鉄骨工事　柱梁・ブレース・樹状柱
Steel Frame Construction: Post and Beam, Brace Work, Tree-shaped Columns

　鉄骨建方の進捗に合わせて、柱・梁の建入れ直し（※1）を行います。一昔前まではワイヤーを張り、その引張り具合で微調整していましたが、近年では、建入れ調整ジグ（治具）（※2）を使って比較的簡単に微調整ができるようになりました。微調整した後、柱・梁・ブレースのボルト締めと溶接を行います（鈴木、太田、脇坂）。

In coordination with the progress of the steel frame erection, a jig was used to install and position the columns and beams. After precise adjustment, bolting and welding work for the columns, beams and bracing were performed.

※1　建入れ直し：柱の鉛直性や柱間のスパンなどを測量機器で実測しながら、数ミリ単位で微調整を行うこと。

※2　建入調整ジグ（治具）：鉄骨柱のジョイント部に使用する寸法微調整用の機材。建方時には、ワイヤーを使わずに柱を自立させることができ、かつ柱の倒れを微調整し、鉛直性を確保するとともに、上下の柱の目違い（微細なずれ）も調整可能。

上：樹状柱を治具で接合する
中：屋根を支える樹状柱
下：2段組みのブレースをX, Y方向に適宜設けた

08 施工プロセス7
躯体工事　床スラブコンクリート工事
Steel Frame Construction: Fireproof Coating and Coordination of Other Construction Work

　鉄骨建方の完了後、各階床スラブのコンクリート工事へ移行します。えんつりーでは、床スラブのコンクリート底型枠として、構造体の一部とみなせる型枠兼用の鋼製デッキを用い、合成スラブ構造としています。鋼製デッキは、一般部で厚150mm（溝厚50mm）、一部厚130mm（溝厚50mm）で、構造図では溝の向きを指定しています。施工手順は、鋼製デッキを敷き込み、溶接固定、スタッド打ち、および床スラブの配筋を行ったうえで、コンクリートを打ち込み、各階の床スラブを形成しました（鈴木、太田、脇坂）。

Once the steel frame was erected, the concrete floor slabs were poured for each floor. A combined use of steel decks was employed as the base formwork for the slabs, making it a composite slab structure.

左上：梁で囲まれた構面にデッキを敷設する
右上：デッキ上に配筋を終えコンクリート打込みに移行する
中：コンクリート打込み後、金ゴテで仕上げる
下：スラブ上に墨出しを行い外装仕上げに移行する

08 施工プロセス8
耐火被覆工事
Fireproof Coating

　建築基準法上、鉄骨造は鉄筋コンクリート造とは異なり耐火構造ではないため、耐火被覆によって耐火性を担保する必要があります。耐火被覆は、半湿式の吹付工法が一般的な施工方法で、えんつりーでも柱や梁などの主要構造部（※1）には厚25ないし40mmで施工しています。この作業は、とても過酷な環境下（※2）で行われるため代替工法も増えてきています。

　一方、樹状柱、ブレースなど見え掛かりとなる鉄骨部には耐火塗料を使用しています。これは、施工時には数mmの塗膜が火災時の熱によって20〜30倍に発泡し、断熱層を形成することで鉄骨が高温になって崩壊するのを防ぐ塗料です（鈴木、太田、脇坂）。

As fireproof coating for the steel framework, a semi-wet spraying method was used on the main structure such as the columns and beams. Fireproof paint was used for the tree-shaped columns, the bracing, and other areas that were left exposed.

※1　主要構造部:防火上、主要な建築部位のことで、壁、柱、梁、床、屋根、階段を言う。

※2　耐火被覆工事にはロックウール（岩綿）が多用されているが、このロックウールを鉄骨表面に固着させるため、セメント系の材料や水と混合し、スプレーで吹き付けるのが一般的。そのため吹き付けたロックウールが鉄骨以外の部分や建物外部に飛散しないよう、吹付け工事の周囲にはシートなどを張って養生し、風などに影響されないようにして施工する。そのため、特に夏場は養生した内側が高温になるうえ、吹付けに影響するため風を送ることも難しい。ロックウールは、微細な針状の鉱物繊維で、肌に触れると刺さりチクチクすることから、作業員は雨合羽のようなビニル製の作業着、ゴーグル、防塵マスクの姿で作業するため、夏場はサウナスーツを着ているような状態になる。

上：耐火被覆と断熱材の取り合い状況
下左：柱へ耐火被覆を吹く
下右：主要構造部の柱に耐火被覆を行う

08 施工プロセス9
設備工事
Facilities Installation

　天井高さをできるだけ高く確保する一方で階高を低く抑えることは、開放的な空間の実現とコストの低減につながります。えんつりーでは、天井懐（ふところ）（※1）に設備配管等を納めるため、構造体である梁に孔をあけ、配管を貫通させています。その場合、鉄骨工事が始まる半年以上前から（※2）設計者、施工者、関係業者間で綿密な打合せが必要となります。えんつりーでは、直天井で見えがかり（※3）の部分が多く、検討を要しました（鈴木、太田、脇坂）。

In order to fit the mechanical equipment within the ceiling, holes were made in the beams and pipes were installed. Since a large part of the ceiling is exposed throughout the building, detailed coordination among contractors was required more than six months prior to the steel frame construction.

※1　懐：物の間に囲まれた空間を言い、天井懐は天井と上階の床との間にできる天井裏の空間のこと。

※2　鉄骨は、設計図書に基づいて工場で一つ一つの部材が製作されるが、製作前に、仮設計画（建方時の足場などの安全設備の準備）などを反映させる必要があることに加え、製作図、原寸図など工場製作に必要な様々な図面を作成する必要があることから、そのための準備期間を要する。

※3　見え掛り：露出していて目に見える部分のこと。

照明器具と木製ルーバー取り扱いの打ち合わせ

上：設備配管の施工状況
下左：設備配管および設備機器の施工状況
下右：設計図書に従い幹線設備、動力設備、電灯コンセント設備を施工する

08 施工プロセス10
外装工事　外壁・サッシ・ガラス
Exterior Work: Exterior Walls, Sashes, and Glazing

　鉄骨建方や床スラブの施工後に、外装工事としてALC（軽量気泡コンクリート版）（※1）工事が進められました。えんつりーでは厚100または125mmのALC版を用いています。

　続いて、鉄骨間柱にサッシ枠を溶接して取り付けます。その後、台車にて搬入された複層ガラスを据え付け、シーリング工事を行います。主な外装ガラスの仕様は、Low-E（※2）複層ガラスで、厚さはFL5+A12+Low-E5です（鈴木、太田、脇坂）。

After the steel frame erection and floor slab construction, autoclaved lightweight concrete (ALC) panels were installed for the exterior walls. Low-E double glazing was used for a majority of the exterior glazing.

※1　ALC: autoclaved light-weight concreteの略。主原料の珪石、セメント、生石灰に、発泡剤としてアルミ粉末を加え、高温高圧蒸気（オートクレーブ）養生した軽量気泡コンクリート。軽さ、強度、断熱性を合わせ持つ。

※2　Low-e: Low Emissivityの略。特殊金属膜をコーティングした低放射ガラスを使った複層ガラスをLow-E複層ガラスと呼ぶ。FL5+A12+Low-E5とは、フロートガラス厚5+空気層12mm+Low-Eガラス厚5のことを言う。

上：ALCおよびサッシの取り付け状況
中左：外装材の取り付け状況
中右：取り付け前のサッシ枠
下：台車で搬入された複層ガラス

08 施工プロセス11
断熱工事
Insulation Work

　建物内部の温熱環境を保ち、外部からの熱的な影響を受けにくくするための断熱工事として、屋根面には厚50mmの硬質ウレタンフォームをスラブ上面に敷設した外断熱としています。外壁面には、繊維系の断熱材としてロックウールによる厚50mmのマット状の断熱材を用い、間柱の間に充填しました。この際、断熱材は「隙間なく」充填することが重要で、施工精度が低いと温熱環境が悪化し、また結露が発生して、建物の耐久性が低下することになります（鈴木、太田、脇坂）。

On top of the roof slab, a 50-mm thick urethane foam was laid for insulation. For the exterior walls, fiber-type rock wool insulation was used.

上：繊維系断熱材を外壁下地の構面に充填する
下：空調ダクト（OA取り込み）が貫通するアルミパネル裏面に現場発泡ウレタンを吹き付ける（1階エントランスホール）

えんつりーを　1 構想する　/　2 デザインする　/　3 評価する　/　4 建てる　/　5 語る

08 施工プロセス12
防水工事
Waterproofing Work

　えんつりーでは、建物本体の屋上には塩化ビニルシート（以下、塩ビシート）防水、屋上パラペット立上りおよびバルコニー床にはウレタン塗膜防水といったように、2種類の防水を部位によって使い分けています。

　塩ビシート防水は、屋根スラブコンクリート上に敷き込まれた厚50mmの硬質ウレタンフォーム断熱材の上に、塩化ビニル樹脂系シートを敷き込み、ジョイント部は40mm以上重ね合わせ溶剤溶着または熱融着します。

　ウレタン塗膜防水は、ウレタン系プライマーを塗布した上に、コテ等でウレタン防水材を均一に塗布し、ガラスクロス補強布を馴染ませながら張り込み、さらにウレタン防水材を塗布します。硬化後、トップコート（※1）としてアクリルウレタン仕上げ塗料を均一に塗布して施工完了です。

　防水層の耐用年数は、一般的にアスファルト防水押えコンクリート仕上げで約17年、アスファルト防水露出砂付き仕上げで約13年、塩ビシート防水で約13年、ウレタン塗膜防水で約10年とされています（※2）。メーカーおよび施工会社の連名で10年間の保証書が発行されていますが、今後、適切な維持管理と改修を行う必要があります（鈴木、太田、脇坂）。

Two types of waterproofing finishes were used: polyvinyl chloride sheets for the main roof, and urethane coating on the parapets and balconies.

※1　トップコート：仕上がった塗膜の保護やつやを出すために、塗装（塗膜）の表面に塗るコーティング材のこと。

※2　出展：旧建設省建築研究所、建設省総合技術開発プロジェクト「建築物の耐久性向上技術の開発」および 田島ルーフィング（https://www.tajima.jp/reform/）

上：コンクリートの上に、接着剤、断熱材、固定金具をセットする
中：塩ビシートを敷き込み、重ね合わせ部を溶着する
下左：庇部のウレタン塗膜防水
下右：パラペット立ち上がりのウレタン塗膜防水

08 施工プロセス13
下地工事・内装工事
Interior Work (Substrates, Finishes)

　内装は、壁、天井ともに軽量鉄骨を下地として、壁は石膏ボード+AEP（アクリルエマルションペイント）で仕上げています。天井は岩面吸音板または壁と同様に石膏ボード+AEPとしています。この際、トイレ周りは遮音壁として、軽量鉄骨下地に密度32K・厚50mmのグラスウールを充填しています。

　えんつりーでは多くの天井が上階の床スラブの型枠でもあるデッキプレート現しにしており、デッキプレートにSOP（合成樹脂調合ペイント塗り）塗装としています（鈴木、太田、脇坂）。

For the substrates for the walls and ceilings, lightweight steel frames (LGS) were built. The typical wall was finished in plasterboard and acrylic emulsion paint, and the ceilings were finished in rock wool acoustic panels.
The typical ceiling is finished in a synthetic resin compound paint coating over exposed deck plates.

上：軽量鉄骨下地として上下にランナーを流し、スタッドを差し込む
中：吊りボルト、野縁受けにて天井ルーバーの下地を施工する
下左：トイレの鉄骨フレームを組む
下右：天井ルーバーに野縁材を取り付ける

えんつりーを　1 構想する　/　2 デザインする　/　3 評価する　/　4 建てる　/　5 語る

08 施工プロセス14
外構工事
Exterior Work

　内装工事と並行して、建物周りの外構工事に着手しました。敷地背面にある駐車場との間を接続するブリッジの独立柱（◯-457.2×19.0mm）や、既存教育棟と研究実験棟を結ぶキャノピーの施工もこの時期に行いました。

　続いて、建物回りの外部舗装工事として、アスファルト舗装（再生砕石 厚150mm＋粒度調整砕石 厚150mm＋再生密粒度アスファルト 厚50mm）、コンクリート舗装（再生砕石 厚100mm＋コンクリート 厚120mm刷毛引き仕上げ、ワイヤーメッシュφ6-150×150mm）、芝生舗装を行いました。最後に、植栽工事として、キャンパスモールに沿った2列の樹木を植え、一連の工事が完了し、竣工を迎えました（鈴木、太田、脇坂）。

While the interior work was underway, exterior work for the bridge, canopy, paving, lawn, and landscaping were also being carried out in time for completion.

上：北側ブリッジは1本柱で支えられる
中左：キャノピーの屋根架構
中右：舗装仕上げのコンクリート打込みに向けた配筋を進める
下：コンクリート打込みを終え、植栽工事に移行する

施工図チェックバック

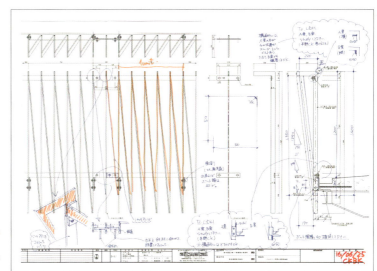

南北面バルコニー手摺製作図の
チェックバックスケッチ。この後、
更にスタディを進め、最終的に上
部のつなぎ材は丸パイプとなった。

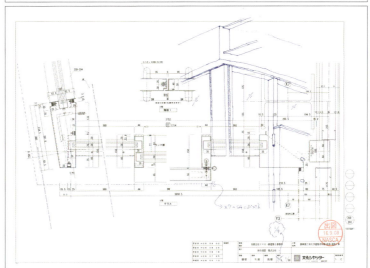

外部SD図面のチェックバックス
ケッチ。各部材の取り合いを簡易
的なスケッチで確認していく。

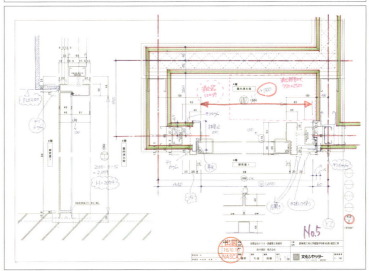

内部SD図面のチェックバックス
ケッチ。これまでの打合せで未決
となっている部分を強調して情報
を伝達していく。

COLUMN 4

えんつりーを「観る／診る」
Observing/Investigating "enTree"

　建築物は、何年、何十年あるいは百年以上も使い続けられるよう造られています。しかし、建築物が完成して発注者に引き渡した後で、適切な「維持管理」が行われないと建築物は少しずつ傷んできて「ボロ」が出始めます。このように、時間の経過に伴って傷んでくる現象を「劣化」といいます。劣化には様々な形態があり、建築物に使われている材料や建築物が置かれる環境などによって、進行の度合いや現れる症状（劣化現象）が異なります。以下の写真は、1年生後期の「建築セミナー」にて学生が調査した、既存校舎を含めて本学で観られた劣化状況です。

　建築物が置かれる環境が外部であれば、雨水や風あるいは紫外線などの自然由来の因子が作用して劣化が生じます。写真（上）の塗装の浮きは、塗装と下地コンクリートとの界面（わずかな隙間）に雨水が入り込み、塗装の膜を押し拡げることで生じたと考えられます。写真（中）の天井ボードの剥離は、本来は室内で使用すべき化粧石こうボードを外気に直接触れる部位に使用したため、湿気によってボードを固定するビスが錆びて脱落したことが原因と考えられます。写真（下）の室内床（土間）のコンクリートのひび割れは、コンクリートの乾燥収縮が主な原因ですが、ひび割れの発生を抑える「目地」を適切に設けていれば、これほど目立つことはなかったでしょう。

　学生・教職員が利用する校舎は、安全で快適に過ごせる環境を提供する必要があります。たかが塗装の浮きと思うかもしれませんが、劣化現象は見栄えの問題だけではなく、建築物が本来持っている機能や性能を低下させます。例えば、コンクリートのひび割れについては、ひび割れ部から空気中の二酸化炭素が侵入し、やがてコンクリートが中性化し、その結果内部の鉄筋が錆びるのです。そうならないためには、建築物を定期的に観察（定期点検）し、傷んだ箇所があれば適切な対策（補修）を施す必要があります。

　したがって、常日頃、建築物の細かなところまでよく「観る」眼を養い、材料が適材適所に使われているのか、建築物がどのように造られているのか、どこに問題があり、どうすれば改善できるのか、そもそもそうならないためにはどのようにすべきかを「考える」習慣を身につけ、こうした劣化を見過ごさない技術者になってほしいと思います。建築物は長く使い続けるものですから、発注者とよく話しあい、発注者の求めに的確に応じられる建築物を設計・施工し、さらには適切な維持管理方法を提案できるようになって下さい（太田）。

上：塗装の浮き（撮影：梶山 大輔／当時学部1年）
中：天井ボードの剥離（撮影：舟橋 大樹／当時学部1年）
下：床のひび割れ（撮影：筆者）

えんつりーを 語る 5

計画・設計・施工・運用段階 | 設計・計画意図

Discussing "enTree" | Planning, Design, Construction, and Operational Phase | Design and Planning Intents

意匠・計画、構造・材料、環境・設備の各分野のコミッショニング担当者、計画者、設計者が参画したプロジェクト。各者がどのような意図でプロジェクトを実現に導いていった（いる）のか、設計図書やシーンの背後にある、より上位の思想を語ります。

———

The Commissioning Management Team (CMT), planners, and designers participated in this project with expertise in design, planning, structure, materials, environment, and facilities. The stories behind the design drawings and scenes of the built work reveal the intents of the experts that led (or are leading) to their actualization in the project.

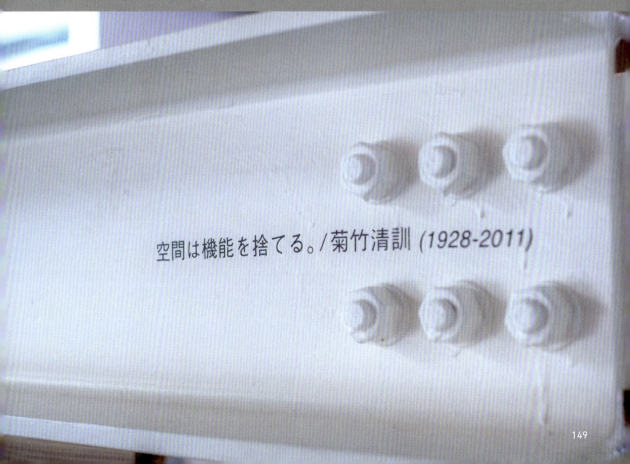

空間は機能を捨てる。/菊竹清訓 (1928-2011)

意匠設計
古谷 誠章
早稲田大学教授・NASCA代表

Architectural Design
Nobuaki Furuya
Professor, Department of Architecture, Waseda University

　母の出身が現在の富士市で、母方の親族のほとんどが静岡県内に在住しており、私自身も小学校6年から中学2年まで駿東郡清水町に住んでいましたので、静岡はとても馴染みの深い土地です。気候も温暖で年間を通じて暮らしやすく、軒下の半屋外空間は、夏には日差しを遮り、雨天時にも風を取り入れて快適に過ごせることを、身をもって実感しておりました。

　そんなことから、まずこの敷地を見たときに、キャンパスの中心軸に沿って上段に登って行く地形を利用して、建築自体も上階に行くに従って軒を張り出し、大きな傘の下のような空間を構想したのです。こうすることで、日射遮蔽や十分な自然通風だけでなく、外壁を保護し、同時にメンテナンスもしやすい建築の断面構成が生まれました。わたしはこれを「呼吸する建築」だと思っています。

　次に敷地の平面的な条件をみると、キャンパスにはわずかに触れた二つの軸が散在していることがわかります。結果として中心のプロムナードは奥に行くに従って、ちょうど"バチ"の形のようにすぼまって行きます。この二つの角度を、この建築の中に重ね合わせることを思いつきました。こうすることで、建築の平面に揺らぎが生まれます。緩やかに湾曲する壁、かすかにカーブする廊下、建物内には直角だけでできた平面には生まれない柔らかさが出てきます。これが人の視線を誘い、人の滞留や流動を生み出します。かっちりと四角にできた空間にはない、居心地の良さに繋がります。大学のキャンパスとは、学生や先生方が一日の長い時間をそこで暮らす、いわば生活のための空間だと考えています。

　この建築は建築を学ぶ学生諸君にとっての、一つの教材のようにできないかとも考えました。建築の構造、材料はもちろんのこと、空気の流れや光の周り具合など、建築の性能に関わる様々な要素を、目に見えるようにデザインしました。普通なら隠されてしまう天井裏や、耐震のための筋交いなどが、半分見え隠れしています。さらに建築計画の面では、人々のたまりや流れ、他の人々の活動の様子がお互いに見えるように、あるいは他の学年、他の学科の学生たちがさらにそれらを見ながら通り抜けられるような、視線の通い合う空間構成を思い描きました。それによって人々は予期せぬものに出会い、またそれらから刺激を受けることができるようにです。

　最後に、この地域に初めて生まれた建築学科ですが、大学はそれだけで完結するのではなく、その立地する周辺環境と共にあると言えます。建築学科の学生にとって、その周辺環境は研究や学習の題材の宝庫なのです。直近の植生や、周辺の田畑、さらにこの地域に暮らす住民の方々の生活環境まで、そこから学べることはとても多いのです。大学は地域とともにある。地域の人々が大学を訪れてくれることで、そうした関係はより一層深まって行きます。そのためにも、建物の外を通る人にとっては、この建築自体が、研究教育のショーケースのようになって、内部をうかがい知ることができ、そこでの建築学科の学生諸君の活動が大いに発信されるように設計されています。

　この大学から巣立つ未来の建築家、エンジニア、研究者、教育者の皆さんが、今後の社会で大いに活躍してくれることを祈っています。

"ATRIUM"

"TERRACE"

(スケッチ:古谷 誠章/ NASCA)

構造設計

江尻 憲泰

有限会社 江尻建築構造設計事務所（一級建築士事務所）

Structural Design

Norihiro Ejiri

EJIRI STRUCTURAL ENGINEERS

　えんつりーは、鉄骨造（S造）の建物です。高い遮音性を必要とする場合は、重い鉄筋コンクリート造（RC造）が選択されます。遮音性に若干劣りますが、鉄骨造は軽いので建物を支える杭の負担が小さいという利点があります。そしてRC造は、現場で鉄筋や型枠を加工し、職人さんの技量によって、複雑な形状の建物を構築しますが、近年、高齢化で職人さんが減っています。鉄骨造建築も同じ状況ですが、CADが発達したので、正確な図面が描ければ、複雑な形状の建物も精度良く施工可能です。また、RC造は、鉄筋工事、型枠工事、コンクリート打設工事、打設後は養生を必要とし一層を構築するために1ヶ月近くを必要としますが、S造は部品を工場で製作するので工期が短くなる利点もあります。

　耐震性能は、ブレース付きラーメン構造として確保しています。静岡県は、東海地震が予想され、他の地域より1.2倍の地震力で設計を行います。えんつりーは、更に、教育施設を想定し一般の建物より1.25倍の性能を目指しました。県外の一般建物と比べて1.2x1.25=1.5倍以上の保有水平耐力が確保されています。当初は、開放的で建築計画の自由度が高い純ラーメン構造を考えたのですが、耐震性を確保するためにブレースを設けました。別の場所であれば、同じような計画でも純ラーメン構造が可能なので、ブレースはこの場所ならではの特徴です。そして、このブレースをよく見ると2段になっています。意匠的なデザインでもありますが、構造的にも意味があります。縦長の角度が大きいブレースは、力の釣り合いから大きな力が生じます。2段ブレースにすることにより部分的に生じる力を少なくする効果があります。

　建物の特徴の一つに外側に倒れ込んだ斜柱があります。構造的には少し無理をしている様ですが、鉛直荷重に対しては、柱が外に倒れようとする力により安定する方向に梁が引っ張られます。プロポーザルの時、木床を提案していたので、効果が大きかったのですが、現在、剛性の大きい合成デッキ床なので、効果は低くなっています。

　樹状柱も象徴的な部材です。太い幹から分かれた枝が屋根を支えています。柱の効率は悪いのですが、支点が増える分、梁の負担は減ります。また、細い枝一本壊れても他の枝がささえるので、梁は落ちにくくなります。構造計算上は考慮されませんが、一本柱よりロバスト性（冗長性）の高い構造となっています。更に樹状柱の分岐部にも特徴があります。鉄骨は板や形鋼を組合せて作られるため部材の集中部は凸凹状態になります。ところが、えんつりーの樹状柱は、すっきりとしています。これは、鋳物（鋳鋼）を使っているからです。力の流れもスムーズで、突起物がないため、応力集中という現象が生じないので、計算外ではありますが性能の高い仕口（部材が集まるところ）になっています。

　皆さん外階段を見ましたか。外の階段はトラス階段と言われる階段です。踊り場部分を支える柱が無いので、気持ちの良い階段になっています。上からの階段と下から上がる階段が三角形を形作り、階段自体を支えています。一般的にはトラス階段と言っていますが、上と下の軸線がズレ、鉛直の柱が通っていないので完全なトラスではありません。行って来い階段と親しみを込めて呼ぶ人もいます。

　えんつりーは、最先端の構造技術を使っている訳ではないのですが、建物の各所で構造上の工夫を行っています。他にもいろいろあるので、気を付けて観察してみてください。

意匠設計者、構造設計者、施工者、電気施工者、機会施工者、CMTとの打ち合わせ風景

環境計画

田辺 新一

早稲田大学理工学術院創造理工学部建築学科教授

Environmental Planning

Shinichi Tanabe

Professor, Department of Architecture,
Waseda University.

　2015年のCOP21で採択されたパリ協定以降、世界は地球環境問題におけるパラダイムシフトが起きています。建築物の脱炭素化が求められています。

　日本は2016年度でエネルギー自給率が8%しかありません。2030年度の長期エネルギー需給見通し、いわゆるエネルギーミックスにおいては、再生可能エネルギー、火力発電、原子力発電などに関して電源構成が示されていますが、この前提として省エネルギーがあります。5,030万kl削減を実現するとしています。2016年度の家庭部門の最終エネルギー消費総量4,950万kLを全てゼロにする以上の対策が必要とされています。これまであまり努力をして来なかった、家庭、業務部門に1227万kL、家庭部門に1160万kLの削減を求められています。住宅・建築の努力が必須になっています。これまでのように住宅や建築を設計建設していて何が悪いのかと言われることがありますが、日本の状況は決定的に変化しています。

　2018年7月3日に「第5次エネルギー基本計画」が閣議決定されました。新築住宅・建築物について段階的に省エネルギー基準の適合を義務化することが求められています。義務化だけでは上述した削減量を満たすことは出来ないため、トップランナーとしてのZEB（ゼロ・エネルギービル）、ZEH（ゼロ・エネルギーハウス）の役割はさらに増しています。

　非住宅建築物については、2020年までに新築公共建築物等で規模・用途別に、2030年までに新築建築物の平均でZEB（ネット・ゼロ・エネルギー・ビル）を実現することを目指します。また、住宅については、2020年までにハウスメーカー等が新築する注文戸建住宅の半数以上で、2030年までに新築住宅の平均でZEH（ネット・ゼロ・エネルギー・ハウス）の実現を目指すと目標定められています。

　2019年に国土交通省で答申がまとめられました。この答申をもとに、さらに建築物省エネ法の改正が行われます。もちろん、住宅・建築が省エネ、脱炭素化するだけではなく、それを利用する人の快適性、健康性、知的生産性の向上などがともなっていないと意味がありません。

　今回建設された、静岡理工科大学新棟（えんつりー）は、これらの環境的要求に加えて、デザインとしての秀逸な側面を実現した作品になっています。二つを同時に体感しながら学べる貴重な機会を得ました。環境的には、最先端の断熱、日射遮蔽、自然換気などの外皮性能技術が採用されています。風のながれ、熱のながれ、水のながれ、ひかり、人のながれを感じ取れるでしょう。また、計画時にはZEBを目標としましたが、残念ながら費用の関係で実現には至りませんでした。しかしながら、運用時にこれに近づいていくことを強く希望しています。CASBEE（建築環境総合性能評価システム）で最高ランクSを取得するなど素晴らしい内容になっています。学生の皆様は、是非体験しながら建築環境の将来を考えて頂くと良いのではないかと思います。

意匠設計・監理担当

杉下 浩平　李 東勲
NASCA

Architectural Design and Supervising Staff

Kohei Sugishita　Dong Hoon Lee
NASCA

えんつりーで学ぶ皆さんへのメッセージ

この原稿を書こうとしているとき、ちょうど早稲田大学古谷誠章研究室の25周年を記念する展覧会が開催されていました。学生時代に関わったプロジェクトなど、膨大なアーカイブに触れながら懐かしい気持ちになりつつ、「建築」というひとつの言葉が包含する領域の広さを再認識することができました。

古谷研究室は計画系の研究室としてカテゴライズされていますが、その活動は、設計プロポーザルや実施プロジェクトだけでなく、まちづくりや地域再生、都市研究や作家論研究など多岐にわたり、近年では産学協同プロジェクトも増えています。構造や環境、都市計画、建築史など、その他の分野を含めると、建築学科での学びがいかに幅広いものか、何となく想像できるのではないでしょうか。

えんつりーは、建築を学ぶ人たちにとって様々な教材となるよう、至るところに工夫を重ねています。プロポーザル時に掲げたテーマを実現するだけでなく、設計や現場監理を進める中でも、設計チーム内はもちろんのこと、CMTや施工チームの皆さんとの様々な議論の中で生まれてきたアイデアを取り入れながら出来上がった建物です。建築はひとりの力ではつくることが出来ません。振り返れば学生時代の課題でも、友人達と夜遅くまで議論を重ね、先輩に意見を求め、後輩のサポートを得ながら、やっとの思いでひとつひとつの作品を提出していたことを思い出しました。それは実際の建築をつくるときも一緒です。このブックにも様々なスペシャリストが登場しますが、毎度、各分野の専門家が知恵を出し合い、意見を交わしながら色々な建築が出来上がっていきます。私たちが思い描いていたストーリー通りには進まないことも多々ありますが、その時には必ず新しい発見と学びがあるもので、そのワクワク感が楽しくて設計という仕事を続けているのかなと感じています。

先ほど「教材」という言葉を使いましたが、正確には、色々なことに興味をもつ「端緒」と言ったほうがいいのかもしれません。えんつりーに取り込まれた様々なエレメントは、ここで選定されたひとつの手法であって、「これが唯一の正解」というものではないと感じています。空間の作り方や構造計画、照明デザインや各所のディテールなど、どんな些細なことでもいいので「面白そうだな」と感じることがあれば、写真を撮ったり、スケッチをしたり、図面を読み込んだりして興味を広げていってほしいと考えています。そんなふうにして建築学に飛び込んでいけるきっかけを鏤めたいという思いを持ちながらプロジェクトに取り組み、このコンセプトブックには皆さんの「端緒」につながるヒントを出来るだけ盛り込んでみました。実現できなかったアイデアや、コストや工期、法規上の制約などで諦めざるを得なかったデザインも沢山あります。興味をもったところについて、自分なりの正解を考えながら楽しんでもらいたいと願っています。

この建築は皆さんの様々な活動を受けとめることのできる「がらんどう」になっています。思い思いに過ごしながら色々な使い方や学び方を発見し、是非、仲間や後輩に伝えていってください。そして10年後や20年後に、えんつりーでの学びを経て、建築家・エンジニア・研究者などの多分野で活躍する皆さんと一緒に「それぞれの正解」を持ち寄りながら、未来の建築について語り合える日が来ることを楽しみにしています。

コミッショニング・マネジメントチーム/CMT（建築意匠・計画）

脇坂 圭一

静岡理工科大学理工学部建築学科教授
ヒュッゲ・デザイン・ラボ主宰

Commissioning Management Team (Architectural Planning and Design)

Keiichi Wakisaka

Professor, Department of Architecture
Shizuoka Institute of Science and Technology.

　「えんつりー」の建設プロジェクトを通して、意匠・計画分野の立場からコミッショニング・マネジメントチーム（CMT）として関与してきました。コミッショニング（以下、Cx）は、企画・計画段階では面積の策定や目標性能の設定、設計・建設段階ではシミュレーションによる性能検証と設計案に対する協議、運用段階では実測による性能検証を行い、当初に設定した目標性能を確認していくファシリティ・マネジメントの一手法です。本プロジェクトでは、企画・計画者としてだけではなく、入居者でもある立場から、プロポーザルの企画から現在の運用段階まで、建築プロジェクトにおける全ての段階に関与してきました。米国では特に設備分野におけるCxが不具合を解消するための手法として認知されていますが、われわれはこのCxを建築計画を含めた建築分野全体を対象に実施してきました。プロポーザルで謳われていた理念がVE（バリューエンジニアリング）という名のCD（コストダウン）の元で竣工時には失われている状況が散見される日本において導入されてきたCxですが、えんつりーでは優れた設計者との協働もあって、理念の実現に近づけたと感じています。近づけた、というのは実際に来年（2020年）、学科としての完成年度を迎え、初の4年生が4階を使い始めることになり、漸くえんつりーの性能検証ができるという現在進行形の段階にあるからです。

　私はこれまでに、東北大学キャンパス計画室、名古屋大学施設・環境計画推進室において、教育研究施設の計画・設計への参画、キャンパスマスタープラン（以下、CMP）の策定を通じて、建築計画、キャンパス計画分野における教育・研究に取り組んできました。この間、国内外の大学キャンパスを訪問してきましたが、社会において評価の高い大学には「明確なビジョン」「仕組み・体制」「チェック」の3つが備わっていました。すなわち、それぞれの大学に固有のポリシーに基づいた長期的な整備計画としての「明確なビジョン」、学生・教職員・学内外の研究員・近隣住民等を含め、ステークホルダーが多岐に渡る中、職員・教員双方の協働により整備を推進する「体制」、CMPの実現に向けてPDCAを回すための年度ごとの「チェック」です。これらがCMPとしてまとめられ、計画が実行されている大学がある一方で、本学では辛うじて「ビジョン」はあるものの、「仕組み・体制」「チェック」、そしてCMPも策定されていない状況でした。そこで、えんつりーの企画・設計要件書（OPR）のとりまとめは、近い将来のCMPの策定を想定した作業として取り組んでいきました。

　プロポーザルを経て、設計者、施工者との協働体制を構築し、各段階において、コンセプトを示したOPRを確認し、必要に応じて設計図書に反映していきました。運用段階の現在、建物を教材とした教育・研究が成されつつありますが、新しい建築形式として導入された「ミックスラボ」、実際に稼働してから初めて計測できる一次エネルギー消費量など、運用段階における調査・計測が重要です。これらを教育・研究テーマに組み込み、得られた知を論文等で社会に還元していくとともに、具体的な計画・デザインとして実装していくのが理想です。本学建築学科にエントリーし、えんつりーで育った学生が社会にエントリーして、実際にどういった建物をつくりあげるのか、今からとても楽しみにしています。

謝辞 東北大学杉山丞特任教授、本江正茂准教授、小野田泰明教授、UCLA阿部仁史教授、名古屋大学施設・環境計画推進室、イェール大学、ハーバード大学、マサチューセッツ工科大学、カリフォルニア大学バークレー校、カリフォルニア大学ロサンゼルス校（以上、科研費研究）、デンマーク王立芸術アカデミー、オーフス建築大学、オーフス大学、オールボー大学、韓国・ソウル大学、梨花女子大学、国内の国公立・私立大学（学外・学内資金）におけるヒアリング対応者、日本建築学会 都市計画委員会 キャンパス・リビングラボ小委員会における各大学のキャンパス研究者、文科省施設整備担当官、各大学の施設部職員、学生・教職員ら利用者、そして脇坂研究室の卒業生・修了生ほか、この間、関与させて頂いた皆様に感謝の意を表します。

コミッショニング・マネジメントチーム/CMT（建築構造・材料）

丸田 誠

静岡理工科大学理工学部建築学科教授（学科長）

Commissioning Management Team (Building Structure and Materials)

Makoto Maruta

Professor, Department of Architecture
Shizuoka Institute of Science and Technology.

　えんつりーと実験棟のCMTに参加させていただいて大変参考となりました。コンストラクションマネジメント（CM）は、建築生産の授業で以前教えはしていましたが、自分で一端を担うと考え方は変わってきます。今回は、定例の設計・現場打ちあわせを通して様々な詳細な問題に当たり、それを1つずつ解決してゆく「決定行為」も含めて分担しました。設計や施工も、詳細部分の決定になればなる程、制約時間との戦いです。「建築」は、個人の拘束時間に関してはブラック的な部分も多いですが、それにも増していい建物を作っていこうという設計・現場の皆さんの思いが時間を忘れさせて、いいものつくりに向かいます。敷地・工期・予算・人員etc. と制約が多い中で最適解を求めるのに各担当者の知恵が凝縮する過程により、えんつりーや実験棟が完成しました。

　専門は構造関係なので、当初から地震の余裕度を上げた建物ができればいいと思っており、静岡県の地域係数1.2に1.25倍を乗じた通常の1.5倍余裕度の保有水平耐力設計にしてもらいました。当初は木の壁やブレースの一部使用も江尻事務所さんでは考えておりましたが工期や予算の話もあり、なかなか実現は難しかったようです。PC（プレストレストコンクリート）やRC（鉄筋コンクリート）柱と鉄骨（S）梁のような混合構造なども検討していけばよかったですが、工期、予算、人員の確保等難題が多く、今回は鉄骨（S）造となりました。ただし、このS造も授業で教えると難しく、その柱、梁またブレースなどのディテールを板書で書いても理解できない学生が多いですが、えんつりーではブレースを含む構造体もむき出しの部分が多く、見て触れるところは魅力です。また天井が全面に張っているところはないので、デッキプレート床、貫通孔補強およびロックウールによる耐火被覆の様子も目で見れますので、教育効果は大きいと思います。また、樹状柱や宙に浮いているようなトラス階段も空間のダイナミックさを演出しており、構造的な魅力満載です。

　構造実験棟・環境実験棟も1.5倍の安全余裕度を持った棟となっています。授業や研究で学生も含めて使っているため、良いことですし、いざという時の避難施設にもなります。
構造実験棟は、材料実験や構造実験の授業で用いることは勿論のこと、企業との共同研究や科研費の研究でも使用します。実際の梁や柱や骨組の一部を取り出し、実物の1/2以上の大きな構造部材の破壊実験ができる加力装置も設置しました。主に鉄骨、鉄筋コンクリート、木質部材の耐震性を研究してゆきます。

　学生はもちろんのこと、外部の皆様にも見ていただいて様々な感想をいただけると幸いです。

柱RC、梁S骨組の最上階部分の実験と学生協力者たち

COLUMN 5

えんつりーを「測る」
Measuring "enTree"

　1年生前期の「フレッシュマンセミナー」では、えんつりーを「測る」と題した課題に取り組んでいます。コンベックスをはじめとした機器を使って、えんつりーの内部で担当エリアをグループで隅々まで計測し、フリーハンド（もちろんオンスケールで）の平面図、断面図を起こし、そこに計測結果を書き込んでいきます。身体を通して測り、二次元媒体にプロットすることで、これまで無意識だったモノのスケールやモノとモノの関係に意識を向けさせる狙いがあります。具体的な計測項目は、①幅、奥行き、天井高さ、②気積、③温湿度（朝から夜までの7回程度）、④照度（同）です。これらの計測には、コンベックス、巻き尺、バカ棒、レーザー距離計（天井高さの計測）、温湿度計、照度計を使います。最終回には、グループごとに、平面形、天井高さ、気積の関係、また温湿度・照度・色温度の変化や計測箇所ごとの違いについて、考察結果をまとめ、発表します。

　さらに、1年生後期の「建築セミナー」では、「えんつりーの性能検証」に取り組んでいます。計測項目は、えんつりーの各階主要室のほか既存建物も比較対象として加え、①〈気流〉〈光（照度・色温度）〉〈温熱〉といった物理量、②利用者の心理量、としています。①では、機器として熱線式風速計、色彩温度計、温湿度計を用い、②では、〈SD法〉によるアンケート調査を行いました。気流計測では開口部の開放/閉鎖による違い、照度・色温度の計測では照明のON/OFFによる違い、そして温湿度の計測について、朝から夜までの変化を記録しました。アンケート調査では、20組の形容詞対を元にした集計結果より、男女の被験者による違い、既存建物との比較、各階・各所の違いについて、積極的/否定的評価を整理しました（P.93）。

　気流・光・熱といった時間によって刻々と変化する環境要素を媒質として、器としての空間がどのようにあるべきか、そうした空間を利用者がどのように評価するのか、物理量、心理量の両面から判断・評価することのできる建築技術者を育てようとしています。

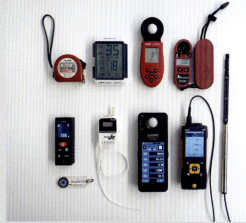

上：3階廊下の計測風景。中：使用した計測機器。上左より、コンベックス、温湿度計、照度計、風速温湿度計、中左より、レーザー距離計、おんどとり、色彩照度計、熱線式風速計。下：長さ1820mmの木製の「バカ棒」を使って入れ子空間の高さを測る。

著者略歴

編著者

脇坂 圭一　Keiichi Wakisaka／1971年 北海道生まれ。小樽、札幌で育つ／1995年 東北大学工学部資源工学科卒業／1997年 建築学科卒業／建築設計事務所勤務／2005〜06年 オーフス建築大学留学（デンマーク政府奨学金）／JDS architects（コペンハーゲン）／2008年 東北大学大学院博士課程修了（阿部仁史研究室）、博士（工学）／同年脇坂圭一アーキテクツ設立（ヒュッゲ・デザイン・ラボに改組）／2011〜2016年 名古屋大学施設計画推進室准教授／2016年〜 静岡理工科大学教授／受賞・作品に2015年 日本建築学会賞（業績）「名古屋大学キャンパスマネジメントによる創造的再生」（共同）／2016年 中部建築賞「ソトマで育てる、ソトマでつながる」ほか

丸田 誠　Makoto Maruta／1958年 山梨県生まれ／1982年 千葉大学工学部建築学科卒業／1984年 千葉大学大学院工学研究科建築学専攻修了／1984年 鹿島建設株建築設計本部／1986〜2010年 鹿島建設技術研究所／2010〜2016年 島根大学大学院総合理工学研究科建築・生産設計領域教授／2016年10月〜 静岡理工科大学理工学部建築学科学科長・教授／2016年 島根大学名誉教授／受賞に2006年, 2007年 日本コンクリート工学会技術賞／著書（共著）に2015年 プレストレストコンクリート造建築物の性能評価型設計施工指針（案）・同解説（日本建築学会）／2018年「基礎からマスターできる建築構造力学」（朝倉書店）ほか

杉下 浩平　Kohei Sugishita／1979年 愛知県生まれ／2003年 早稲田大学理工学部建築学科卒業／2006年 早稲田大学大学院修士課程修了／2007年〜NASCA／現在、NASCA設計室長／主な担当作品に「鴬庵」「小布施町立図書館まちとしょテラソ」「熊本市医師会館看護専門学校」「熊本県山鹿市立鹿北小学校」「喜多方市新本庁舎」「高知県宿毛市 まちのえき林邸」／受賞に2014年 日本建築学会作品選集「熊本市医師会館看護専門学校」／2015年 日本建築学会作品選奨「熊本県山鹿市立鹿北小学校」／2017年 日本建築学会作品選奨「喜多方市新本庁舎」（※全て古谷誠章他との連名）

李 東勲　Dong Hoon Lee／1977年 韓国・ソウル生まれ／2003年 韓国・慶熙（Kyung Hee）大学卒業／2005年 韓国・慶熙（Kyung Hee）大学大学院卒業／2009〜2011年 早稲田大学助手／2012〜2014年 早稲田大学助教／2016年 早稲田大学大学院創造理工学研究科博士課程修了 博士（建築学）／2015年〜NASCA／受賞・作品に2009年「SD review 2009」入選／2010年「Tokyo 2009: Fashion Museum in Omotesando Street」国際アイデアコンペ 最優秀／2012年「同志社大学「京田辺キャンパス礼拝堂および関連施設」設計提案競技 優秀作品（次点）

執筆者

古谷 誠章　Nobuaki Furuya／1955年 東京都生まれ／1978年 早稲田大学理工学部建築学科卒業／1980年 同大学大学院博士前期課程終了／早稲田大学助手／近畿大学工学部助教授／マリオ・ボッタ事務所（文化庁芸術家在外研修員）／1994年 早稲田大学理工学部助教授／NASCA設立（八木佐千子と共同）／1997年 早稲田大学理工学部教授（現 理工学術院）／2017年〜日本建築学会会長／受賞に1991年「狐ヶ城の家」第8回吉岡賞／1999年「詩とメルヘン絵本館」日本建築家協会新人賞／2000年「香北町立やなせたかし記念館」「早稲田大学會津八一記念博物館」日本建築学会作品選奨／2007年 日本建築学会作品賞「茅野市民館」

江尻 憲泰　Norihiro Ejiri／1962年 東京都生まれ／1986年 千葉大学工学部旧建築工学科卒業／1988年 千葉大学大学院工学研究科修士課程修了／1988年 青木繁研究室／1996年 江尻建築構造設計事務所設立／現在、長岡造形大学建築・環境デザイン学科教授／日本建築構造技術者協会理事／作品に2006年「円山町映画館プロジェクト」／2006年「軽井沢米倉邸」、2009年「和島小学校」／2009年「てくてく〜長岡市子育ての駅千秋」／2012年「シティホールプラザ・アオーレ長岡」／受賞に2010年 第5回日本構造デザイン賞／著書に 2010年『ゼロからはじめる建築知識 6 建築構造』エクスナレッジ／2012年『世界で一番くわしい建築構造』エクスナレッジ

田辺 新一　Shinichi Tanabe／1958年 福岡県生まれ／1982年 早稲田大学理工学部建築学科卒業／1984年 同大学院博士前期課程修了／1984〜86年 デンマーク工科大学暖房空調研究所／1988年 お茶の水女子大学家政学部専任講師／1992〜1993年 カリフォルニア大学バークレー校環境計画研究所／1997年 デンマーク工科大学エネルギー研究所、ローレンスバークレー国立研究所客員研究員／1999年 早稲田大学理工学部建築学科助教授／2001年 早稲田大学理工学部建築学科教授／現在、早稲田大学理工学術院創造理工学部建築学科教授／2018年〜 空気調和・衛生工学会会長／受賞に1989年 米国暖房冷凍空調学会（ASHRAE）R. G. Nevins賞／2002年 日本建築学会賞（論文）「室内温熱環境と空気環境の快適性に関する研究」

澤田 隆一　Ryuichi Sawada／1964年 福岡県生まれ／1988年 武蔵野美術大学造形学部空間演出デザイン学科卒業／1988年 TLヤマギワ研究所／1990年 ライティング プランナーズ アソシエーツ／2004年〜 サワダ ライティングデザイン＆アナリシス 設立／2002〜2013年 国立山梨大学教育人間科学部芸術運営コース講師／2014年〜 武蔵野美術大学造形学部空間演出デザイン学科講師／受賞・作品に2015年 日本照明学会照明デザイン賞 優秀賞「東京都庭園美術館新館」／2007年 北米照明学会（IESNA）IIDA Award of Merit「全日空エアラインラウンジ」／2007年 国際照明デザイナー協会（IALD）Award of Merit「京都迎賓館」

※各テキストのクレジットは、文末に記載した。記名のないテキストは、脇坂が執筆した。

崔 琥　Ho Choi／1971年 韓国生まれ／1994年 韓国成均館大学工学部建築工学科卒業／1999年 韓国成均館大学大学院建築構造専攻修士課程修了／2006年 東京大学大学院工学系研究科建築学専攻 博士課程修了／2006〜2007年 日本学術振興会(JSPS)外国人特別研究員／2008〜2017年 東京大学生産技術研究所 助教／2018年〜 静岡理工科大学理工学部建築学科准教授／研究に「鉄筋コンクリート造建築物の耐震性能評価および津波性能評価に関する研究」など

新村 文祥　Fumiyoshi Shinmura／1964年 静岡県生まれ／1988年 多摩美術大学油科卒業／2017年〜静岡理工科大学非常勤講師／受賞に1990年 平野美術館公募展「初夏」にて金賞／1994年 遠江美術資料館絵画公募展「水のある風景」にて奨励賞／2005年 天竜川絵画公募展「融ける橋の光景」にて大賞／2017年 独立展「水上の游具」にて新人賞／個展に、1999・2001・2004・2006・2008・2010年「新村文祥展」(銀座・あかね画廊)／2014〜2019年「新村文祥展」(浜松・ギャラリー香爐)／グループ展に、2003年 浜松・クレーフェルト日独現代アート展／独立美術協会準会員／細江造形絵画教室 主宰

鍋島 佑基　Yuki Nabeshima／2013年 北海道大学工学院 空間性能システム専攻 博士後期課程修了／2013〜2014年 同学 博士研究員／2014〜2015年 (株)テクノフロンティア 主任研究員／2015〜2018年 豊橋技術科学大学 建築都市システム学系 助教／2019年〜 静岡理工科大学 建築学科 講師

インタビュー協力者

太田 達見　Tatsumi Ohta／1959年 静岡生まれ／1982年 千葉大学工学部建築工学科卒業／1984年 千葉大学大学院工学研究科建築学専攻修了／1984〜2018年 清水建設／2005年 博士(工学)(宇都宮大学)／2018年〜 静岡理工科大学理工学部建築学科教授／受賞に2015年 日本コンクリート工学会 功労賞／著書(共著)に2005年「高強度コンクリート施工指針(案)・同解説」／2009年「コンクリートポンプ工法施工指針・同解説」／2015年「コンクリートの調合設計指針・同解説」／2018年「建築工事標準仕様書・同解説 JASS 5 鉄筋コンクリート工事」／一級建築士、コンクリート診断士／コンクリート主任技士／建築仕上診断技術者／研究に「材料施工的要因が鉄筋コンクリート躯体の品質に及ぼす影響評価」など。

田井 幹夫　Mikio Tai／1968年 東京生まれ／1992年 横浜国立大学工学部建設学科建築学コース卒業／1992〜1993年 the Berlage Institute Amsterdam 在籍／1994〜1999年 内藤廣建築設計事務所／1999年〜 アーキテクト・カフェ主宰／2004年〜 有限会社アーキテクトカフェ・田井幹夫建築設計事務所代表／2018年〜 静岡理工科大学理工学部建築学科准教授／受賞に2009年「横浜国立大学橋コンセプト・デザインコンペ」最優秀賞(仲俊治と共同受賞)／2013年 日本建築学会作品選集「佐野の大屋根」選出／神奈川建築コンクール「秋谷の家」「和賀材木座の家」住宅部門優秀賞／2008年 山梨建築文化奨励賞「甲府の家」住宅部門／著書に2017年「住宅断面詳細図集」オーム社

鈴木 孝典　Takanori Suzuki／1973年 静岡生まれ、東京育ち／1996年 日本大学理工学部海洋建築工学科卒業／1998年 日本大学大学院理工学研究科海洋建築工学専攻修了／1998〜2017年 大成建設／2017年〜静岡理工科大学非常勤講師／同年〜 株式会社TACK&Co.(建設現場支援センター)代表取締役／同年〜靜甲株式会社グループ会社取締役／受賞に2019年 Kawasaki ZENTECH Accelerator(カワサキ ゼンテック アクセラレーター) はまぎんZENTECH賞

淺川 敏　Satoshi Asakawa／写真家／ZOOM主宰／日本建築写真家協会会員／1959年 東京・新宿生まれ／1980年 東京工芸大学卒業／1999〜2004年 桑沢デザイン研究所非常勤講師／写真展・展覧会に1997年「アジアン・スタイル」東京／2000年 Towards Totalscape展にて「- Japan Lifescape - 」Rotterdam／2006年「としのしせん」東京／2010年「Space — Tokyo Bay」東京／2013年「アジアではしゃり」東京／インスタレーションに1998年11月〜1999年6月「路上写真展」ハノイ、北京、香港、ウランバートル／2004年「在」上海／著書に「アジアン・スタイル」筑摩書房(共著)／「図説 北京」河出書房新社(共著)／「北京論―10の都市文化案内」丸善(共著)

[写真 Photographs] 淺川 敏 Satoshi Asakawa : Cover, p.2-3, 34, 35, 36, 37, 38, 39, 40, 41 bottom, 43 all, 44, 45, 46, 48 left & top & bottom, 49 center & bottom, 52, 53, 71, 72 all, 73 top & center, 74 all, 75 all, 76 all, 77 all, 81, 83 center & bottom, 131 all／牧田 秀昭 Hideaki Makita : p.7, 33, 49 top, 55, 57, 58-59 all, 61, 62-63 all, 73 bottom, 89, 113, 160／脇坂 圭一 Keiichi Wakisaka : p.31 all, 40 top, 42 all, 68, 80, 94-95 all, 102 all, 104 left & bottom, right & bottom, 110, 133 all, 134 all, 135 all, 136 all, 137 all, 138 all, 139 all, 140 all, 141 all, 142 all, 143 all, 144 all, 145 all, 146 all, 152, 154 all, 157 all／静岡理工科大学 Shizuoka Institute of Science and Technology : p.11, 12-13, 129 all, 130 all／NASCA : p. 17, 48 center, 51 all, 83 top／丸田 誠 Makoto Maruta : p.156／山下沙奈 Sana Yamashita : p.41

空箱 / 古谷誠章 (1955-)

静岡理工科大学 建築学科棟 えんつりー　プロジェクト参画 企業及び担当者リスト

[発注者]
- 学校法人　静岡理工科大学｜前理事長・外山浩介　学長・野口博

[企画・計画・性能検証]
- コミッショニング・マネジメントチーム (CMT)｜脇坂圭一　丸田誠

[設計・計画]
- 建築設計｜古谷誠章　八木佐千子　平野耕治　杉下浩平　桔川卓也
  李東勲　和泉マリア　和泉えりか／NASCA
- 建築構造｜江尻憲泰　楠本玄英
- 設備設計｜森栄次郎　渡辺忍／設備計画
- 環境計画｜田辺新一
- 照明設計｜澤田隆一

[協力]
- サインデザイン協力｜松田崇　桑田亜由子
- コンセプトシート協力｜植野聡子
- 植栽計画協力｜木村文哉／soto.Craft

[施工者]

■ 管理工事
― 鈴与建設
実方聡　近藤康弘　天野光晴　藤井卓也　伊久美正利　加藤晃幸　高林亮一　宮島佑輔
内山慎太郎　大場史朗

― 菱和設備
内山大輝　仲田拓恭　早川敏之　神谷博道　木下直也　山内清光　蘆品匠　斉藤遼　滝川純
竹内大貴　深元大樹　殿納替勇　尾藤資浩　八木裕樹　石原徹也　恒田晋也
杉山真一　中村勝敏　太田直哉　片山浩樹　山田紘已　稲場稔和　堀井克行　戸塚康太
堀井奈緒美　中木原孝玄　岡本寿明　村松祐児　田村俊夫　殿村一貞　新藤反紀子
朝比奈伸介　林優太　榎本卓晃　水野勉平　藤田一博　佐塚和美　小原隆丈　向川智三
宇佐美昭夫　永井利幸　村松靖久　山部秀樹　野嶋一弥　大橋圭佑　伊藤神月　相内信二
田中智智　橋戸昇　藤村稚佳　横沢由司

― 関電工
久保田駿　長嶋敏司　小清水良太　渡邊英彦　向笠商敏　井村洋一　溝口幸広　西村卓也
川口忠克　鈴木琢宗　和田建生　野沢昌樹　鷹野祐希　柳澤敦美　中北真一　林比呂志
鈴木誠二　武田芳治　小野祐巴　岡本一義　望月豊文　窪野真人　澤西章宏　中村義弘
荻井和也　鈴木克人　大森聖司　飯田利男　鈴木　人　太田幸義　犬居伸勝　佐藤康大
海原原秀和　木原和以　横山和也　林田政治　長岡伴幸　鈴木茂男　青木孝　石川拓哉
中村茂純　榎山深将　影山汪吉　久兜正敷　所宏樹　牧野愛生　高野裕太郎　鈴木浩聰　河島透
村邉聖三　菊地長三　石川晴康　中津川啓司　加藤剛晴　石河忠　藤森秀夫　村松直明
渡邊聖三　植田敬一　荻野和良　鈴木裕也　唐川和久　本間修　吉岡利晃　紅林幸弘
神藤憲行　渡慶次稔　高橋勇人　香山賢二　中村賢一　勝目良　深元大輝　箱崎智也
藤崎一鷹　藤本圭太　日置義孝

― 仮設工事
― 大川組
大川裕之　宮牧利宇　村田真敏　森泰之　林綾三郎　澤口勇人　永嶋育太
南川健太　杉山将太　八木環　清水駿　眞澤亜人夢　杉本武士　川越芳典
― 松島建設
長康介　下喜久雄　小島秀昭　吉田国浩　松永孝康　近藤智之　山崎孝幸
佐野良太　松島正
― Aライン
松永明弘　飯田篤
― 新村組
海野栄　久保山裕介　安田隼人　小坂恵太
― 渡部形成
渡辺秀明　種石稔　塚本和敏
― 三和建商
三輪一貴　佐藤政雄　三輪直樹　山田俊　岡田卓也　鍋田幸治　佐藤諭　長谷川学　増田貴
青木雄介　中川愛一郎　戸塚修　渡辺義晃　竹内義勝　土佐純一　市川健二

■ 基礎工事
― エコワークス浜松
安保智彦　玉木英士　鈴木章司　吉田秀志　生田浩之　柳川錠二　内山光由　佐々木誠二
市川邦雄　長島貴洋　城間忍　足立浩見　西丸博幸　滝見　澤木佑太　田中登　石川尚人
神戸内　高野修一　森淳介　後藤貴志　竹内啓介　高橋満　松浦亮　古橋洋　柴田祐太
桑原慎太郎　沖田具康　戸澤光　島田健志
― ビップ
関憲一　近藤清　小杉達紀　沖林幸治　山口将尚　辻康佑　大場晃　小出翔也　滝崎勲
爪田満　岡本隆　リズキガンダセティワン　梅田祐嗣　スマラットイヌンスグロホ
清水利憲　鈴木晶大　田中良二　鈴木雄也　木村守秀　鈴木康仁　LE XUAN THINH
松本利広　高橋亘　武藤正弘　松本幸久　西尾直司　永留和夫　水野克城　神谷大地　菊池稔
大場和好　角地正広　杉山悠　岡本祐弥　磯部和希
― トーアツ中部
杉本貴宏　角皆明　渡辺敏勝　村松佑樹　内藤仁　金子慎司　斉藤彬浩　中野淳
― 太洋工業
久保雅樹　塩田靖弘　久永哲也　スプリヨノ　中澤智彦　中沢貴彦　大城信吉　本山勝章
― 大川組
山口克彦　清水祥之　近藤洋一　梁瀬純一　石川享　六角二郎
― 一成工務店
鈴岐健史　小野田友昭　佐藤繁　田口陽子　本田享一　山本一博　辻翔平　辻晃平　辻信重
石井正照　見城邦彦　塚越巧　市川千里　前田政雄　小幡康之　熊谷涼　三浦正明　三浦健
山田達夫　佐野好彦　石津登喜夫　清水正喜　中津輝高　小原真　小林高生　足立朝春
本田雄紀　本田昭雄　藤田雅彦　小松右京　川口勇　市川信　難峰昌志　佐藤貴彦　佐藤晴彦
佐藤繊義　大沼征士　松本隆　渡邉佑水　本宮将和　佐藤宏樹　松永敏秀
藤田秀輝　海野直美　加治木和晃　平林順二　大村和男　小野田友昭
― 山梨工業
岡村明典　前田勝雄　脇田住夫　加藤成二　内山佳彦　内山誠　高橋宣夫　山本康之
城内千春　山本猛三　小平裕希　山本芳則　望月雅也　伊東鏡　黒沢伸夫　藤牧暁
杉山崇

■ 鉄骨工事
― 寺田工業
寺田克好　松井良太　松下晃正　葛野雅哉　眞鍋利美　鈴木聖太　久永英光　板倉良吉
板倉弘和　木山直樹　神谷恭弘　鈴木哲也　戸塚俊明　浜岡ケンジ　月東豊和　平川敏夫

浜岡ホドリゴ　中津川忍　田中利治　久永友哉　山田晃輔　大石和也　石野竜次　矢澤泰明
山田将　伊熊哲也　鈴木力斗　伊藤涼平　大石純　青木正人　山下純　松本大祐　鈴木浩行
山下恭裕　森下裕也　阿部政雄　佐野義志　西尾進一　細部真知　伊藤誠　松元英二
松本信夫　松本佳辰　鷲山正彦　古田航基　福世岬　岩崎重義　岩崎喜代司
野崎弘倫　渡辺武　渡辺和斗　渡辺源生　大石隆彰　石原龍曜　片桐友真　松本祐一　鈴木博
寺井輝文　三輪健二　大隅佳　佐藤修司　野中秀樹　建部昌彦　谷口新司　桑村克明
井上桂一　足立寛　藤澤誠　海野政智　小林史宗　辻一成　月東豊和　古俊太　藤原崇喜
― 横森製作所
新垣健一郎　井下隆二　山中悠幹
― 日南鉄構
俵一彦　山田大地郎　原田隆一　八重垣利行　水谷俊夫　坂下雄二
伊藤勇二　鈴木勝美
― 片岡屋
池田朔也　木村учик 元　杉山真浩　阿井誠一　大畑貴司　池谷邦雄
長谷川悦司　山梨洋一
― 日建スプレー
佐藤賢二　杉本翔　高木尚已　大榎治　高澤義昭　増田光紀　萩原裕太　池谷和喜　五十嵐淳
― 丸和橋本工業
山本真悟
― kotobuki

■ 外壁工事
― 静岡シポレックス
古畑彰二　河守靖宏　植田潤　内山高幸　密岡靖史　内山茂　佐藤康一　川並博史
藤田亮　澤田義秀
― 文化シャッター
岩田国平　小川栄二　川隅光吉　河原芳明　渡辺行幸　渡辺翔　渡邊達良　小野元靖
太田敦司　松浦節　吉永勇　成川正人　峯田竜二　武井清　石井勇一　渡辺仁嗣　山田晃生
山本勝也　鈴木健之　衣川博
― マキノ興商
横田直紀　高嶋正太　丸川秀一　矢野将吾　平下幸孝　小出修　疋田智昭　村瀬慎治
笹田和美　前塚正三　小池武史　村瀬智也　村瀬博司　鈴木勝司　安達大介　江間奨
寺田信二　正木直人　太田顕吾　熊切達美　渡邊稔文　榊原和也
― 若高
山本良小　漆畑明　菊川充　向島崇光　望月篤仁　飯塚一郎　柿本博　田中政信　金原浩明
市川友光　市川知治　矢澤淳也　大村浩幸　澤村和義　村松智記　見崎栂彦　澤村武司
澤村利弘　山田茂
― 渡辺塗装工業
漆畑典晃　望月正行　藤元一美　山本慎也　長島一孝　梅崎和久　窪澤直樹　杉山実
浅野修一郎　大滝英意　小池武史　福田貴之　中橋茂則　大滝勇　丹羽青之　大滝薫
池谷光夫　水野隆規　望月一彦　西村康秀　築地法兼　望月正行　竹山剛　杉山道行
加藤龍治　金丸正司　原高義　久保田大陸　大澤俊樹　加藤衛　川島芳弘
斉藤直之　杉渕知司
― 三永
三宏忠之　小澤修一郎　富本祐三　名倉日出男　尾之内瑞貴　鈴木郷美
中村貴道　櫻井秀紀
― アイトメタル
望月一二三　木村重雄　海野純也　山田健太　山梨智博　勝見真也　石川剛　根本篤久
中田広道　杉崎凌雅　岩本耕輔　荒岡浩司
― アスカ技建
望月哲也　青木寿喜　森田博己　望月秀人
― 片瀬金属
川口隆弘　沖信広　今村直樹　松園光太郎　川嶋千明　増田利文　入倉理香　入倉豊
朝日雄一郎　松下典史　渡辺竜太　太田雅揮　久保田祐　太田俊寿　中村正則　中川毅
堀健次　兼高洋介　熊谷憲一
― 森田硝子
石谷陣彰　森則子　森淳也　草治正好　草治順子　高橋昌裕　小澤光夫　高橋能克
田村守　高橋嘉夫　佐藤直樹　松井泰昭
― 大進工業
三室伸二　木村文哉　増田光紀　海野力　木村友則　飯塚高良　飯塚勝久　細川誠史
中山晴雄　中山裕文　相澤健　平田晋也

■ 内装工事
― TV東海
石黒貴之　鈴木風雅　小野翔太　毛利健太郎　西田敦　堀智昇　溝口和喜　竹井靖和
久野岐平　志田誠　三輪善弘　渡部彰　市川金男　山本直樹　川井信也　矢崎一秋　堀口直人
滝口順彦　杉山良樹　柳澤一成　藤田晴人　八木義紘　佐々木金也　田辺ゆり　荒浪修之
滝井豊　佐藤徳夫　繁田裕一　小田光太　安周忠雄　稲葉昭　青木一正　清島勝　山田剛靖
亀田泰之　亀田悠斗　亀田浩之　大石一貴　関篤志　松下雅美　久保田昇　村松正　対馬隆宏
竹下勲也　竹下昭彦　大川洋明
― イハラ
清水正三　丸山忠士　片平勝彦　山崎善治　山崎弘　北川正男　伊原雄貴　白幡雅章
大澤幸秀　松山東男　大石豊　吉元一信　杉山嘉樹　伊原明広
― 富士機材
原田恵介　菅谷和彦　鈴木啓之　梅村政行
― ミユキ工業
瀧睦季　藤坂卓也　大澤剛　井出音悟　青島英則　竹川準矢　井出大悟　南條翔太
伊藤雄基
― ヤブキ
山下晴志　西井剛
― コロナ工業
市川義之　飯島秀夫　佐々木康　岩佐優太　長井淳　小長井洋　岩佐雅史　安原宗樹
― 東芝エレベータ
今野政人　村井正臣　山本篤　湯本隆行　中島秀一　岡崎繁男

■ 家具工事
― チェリア
小坂博信　山下泰成
― NIPPO
三上洋和　沖慎司　平井順　穴田成己　永野恭次　安濃斉　中倉哲也　田中浩　芳松裕治
塚本富士夫　山本憲臣　弓桁剛　稲垣陽介　菊池金夫　五郎五郎　山崎義郎　関良彦
永田晃一　水谷誠　荒岡浩司
― イワタ
― 田旗造園建設

161

地域に開かれたえんがわ
静岡理工科大学 建築学科棟 えんつりー ［プロジェクトブック］

［編著］
脇坂 圭一／静岡理工科大学／ヒュッゲ・デザイン・ラボ
丸田 誠／静岡理工科大学
杉下 浩平／NASCA
李 東勲／NASCA

［執筆者］
古谷 誠章／早稲田大学／NASCA
江尻 憲泰／長岡造形大学／江尻建築構造設計事務所
田辺 新一／早稲田大学
澤田 隆一／SLDA サワダライティングデザイン＆アナリシス
崔 琥夫／静岡理工科大学
太田 達美／静岡理工科大学
鍋島 佑基／静岡理工科大学
鈴木 孝典／株式会社 TACK & Co.
新村 文祥／細江造形絵画教室

［インタビュー協力者］
淺川 敏／ZOOM
田井 幹夫／静岡理工科大学／アーキテクトカフェ・田井幹夫建築設計事務所

［編集・デザイン ディレクション］
脇坂 圭一／前掲

［編集・デザイン］
稲垣 澄世 石田 由果理／株式会社テクイジデザイン

［写真］
淺川 敏／前掲
牧田 秀昭／静岡理工科大学
脇坂 圭一／前掲

［翻訳協力］
福田 能梨絵／ダブルエム・アーキテクツ

［図版作成・編集協力］
太田 帆乃伽　岡部 クミ　金子 大海　榊原 胡波　髙田 栞　髙村 菜々　田中 葵
野末 大輔　原田 留主　疋田 大智　深井 理奈　安田 稜太　山本 弓貴
以上、静岡理工科大学

［発行日］
2019年 6月 27日

［発行者］
脇坂 圭一・丸田 誠

［発行所］
静岡理工科大学 理工学部 建築学科
〒437-8555 静岡県袋井市豊沢2200-2　建築学科棟　えんつりー
TEL　0538-45-0111
URL　https://www.sist.ac.jp/architecture/

［発売元］
株式会社建築資料研究社
〒171-0014 東京都豊島区池袋2-10-7-6F
TEL 03-3986-3239　FAX 03-3987-3256
URL http://www2.ksknet.co.jp/book/

［印刷］
松本印刷株式会社

enTree: An "Engawa" Open to the Region
— The Department of Architecture Building, SIST (Shizuoka Institute of Science and Technology) Project Book

[Authors and Editors]
Keiichi Wakisaka / Shizuoka Institute of Science and Technology / hygge design lab
Makoto Maruta / Shizuoka Institute of Science and Technology
Kohei Sugishita / NASCA
Dong Hoon Lee / NASCA

[Contributors]
Nobuaki Furuya / Waseda University / NASCA
Norihiro Ejiri / Nagaoka Institute of Design / Ejiri Structural Engineering
Shin-ichi Tanabe / Waseda University
Ryuichi Sawada / SLDA Sawada Lighting Design & Analysis Inc.
Choi Ho / Shizuoka Institute of Science and Technology
Tatsumi Ohta / Shizuoka Institute of Science and Technology
Yuki Nabeshima / Shizuoka Institute of Science and Technology
Takanori Suzuki / TACK&Co. Co., Ltd.
Fumiyoshi Shinmura / Hosoe modeling painting school

[Interview Collaborators]
Satoshi Asakawa / ZOOM
Mikio Tai / Shizuoka Institute of Science and Technology / architect café, Mikio Tai architect & associates

[Director of Editing and Design]
Keiichi Wakisaka

[Editing and Design]
Sumiyo Inagaki, Yukari Ishida / tekuiji DESIGN Co., Ltd.

[Photography]
Satoshi Asakawa
Hideaki Makita / Shizuoka Institute of Science and Technology
Keiichi Wakisaka

[English Translation / Editing]
Norie Lynn Fukuda / Double M architects and associates

[Drawing and Transcript Assistance]
Honoka Ohta, Kumi Okabe, Hiromi Kaneko, Konami Sakakibara, Shiori Takada, Nana Takamura,
Aoi Tanaka, Daisuke Nozue, Rusu Harada, Daichi Hikida, Rina Fukai, Ryota Yasuda, Yuki Yamamoto
/ Shizuoka Institute of Science and Technology

[First Edition]
27 June 2019

[Publishers]
Keiichi Wakisaka, Makoto Maruta

[Publishing Office]
Department of Architecture, Shizuoka Institute of Science and Technology
Toyokawa 2200-2, Fukuroi, Shizuoka, Japan 437-8555
Tel.+81-538-45-0111
www.sist.ac.jp/architecture/

[Sales Agency]
Kenchiku Shiryo Kenkyusha Co., Ltd.
Ikebukuro 2-10-7-6F, Toshima-ku, Tokyo, Japan 171-0014
Tel.+81-3-3986-3239
www2.ksknet.co.jp/book/

[Printing]
Matsumoto Printing Co., Ltd.

ISBN978-4-86358-631-4
Printed in Japan
Copywriting ©2019 Keiichi Wakisaka, Makoto Maruta, Kohei Sugishita, Dong hoon Lee. All rights reserved.